简明商业战略

STRATEGY
PLAIN AND SIMPLE

[英]沃恩·埃文斯——著 刘瑾玉——译

Pearson

湖南科学技术出版社

图书在版编目（CIP）数据

简明商业战略 /（英）沃恩·埃文斯著；刘瑾玉译. — 长沙 ：湖南科学技术出版社，2022.8
ISBN 978-7-5710-0852-9

Ⅰ．①简… Ⅱ．①沃… ②刘… Ⅲ．①企业战略 Ⅳ．①F272.1

中国版本图书馆 CIP 数据核字 (2020) 第 232571 号

著作权合同登记号：18—2020—087

JIANMING SHANGYE ZHANLÜE
简明商业战略

著　　者：[英] 沃恩·埃文斯
译　　者：刘瑾玉
出 版 人：潘晓山
策　　划：徐强平
责任编辑：吴　嘉
出版发行：湖南科学技术出版社
社　　址：长沙市芙蓉中路一段 416 号泊富国际金融中心
网　　址：http://www.hnstp.com
湖南科学技术出版社天猫旗舰店网址：
　　　　　http://hnkjcbs.tmall.com
印　　刷：长沙鸿和印务有限公司
　　　　　（印装质量问题请直接与本厂联系）
厂　　址：长沙市望城区普瑞西路 858 号
邮　　编：410200
版　　次：2022 年 8 月第 1 版
印　　次：2022 年 8 月第 1 次印刷
开　　本：880mm×1230mm　1/32
印　　张：5.75
字　　数：129 千字
书　　号：ISBN 978-7-5710-0852-9
定　　价：45.00 元
（版权所有·翻印必究）

推荐语

本书紧跟商业发展节奏，提供切实有效的策略。你可以立即采用并开展业务，或把当前生意打造成一台高效的赚钱机器。

——成功大师、演讲家兼作家，博恩·崔西（Brian Tracy）《现在，打造更好的企业！》

本书就如何开展业务给予了明晰、直接且实用的指导，是中小型企业老板或管理者的必备读物。

——渣打银行前国际企业全球负责人，詹姆斯·考特尼（James Courtenay）

如果你正经营着一家小型公司或者正处于开创新公司阶段，这本出色、精妙的简明指南可帮你正确制定商业战略。固然大公司的发展离不开战略的改进，沃恩·埃文斯（Vaughan Evans）还可协助中小企业成为商业战略的受益者。他告诉你为何企业成功需要正确的战略以及制定的方法。

——bOnline 公司创始人兼首席执行官，XLN 和 Euroffice

网购公司创始人，安东尼・加勒比（Anthony Karibian）

无论企业规模大小，对商业战略具有敏锐的洞察力是成功的要素之一。

——彼米拉（Permira）律师事务所前合伙人及顾问，迈克・加兰（Mike Garland）

沃恩・埃文斯（Vaughan Evans）擅长把商业战略和业务规划简明化。本书简洁实用，三步战略适合于中小型企业，是创业者节省时间的理想读物。

——联合饼干公司（United Biscuits）前首席执行官，杰夫・范德・埃姆斯（Jeff Van der Eems）

这是为小型企业量身定制的简明战略。

——莱克星顿投资公司（Lexington Partners），詹姆斯・皮特（James Pitt）

如果你希望新公司或小公司发展得更快，务必需要战略。商业战略看起来令人头疼，但这本册子却化难为易。正如封面所写，沃恩・埃文斯让商业战略变得简单明了。

——规章教育公司（Protocol Education）主席，斯蒂芬・劳伦斯（Stephen Lawrence）；规章教育公司前董事总经理，亚瑟・D・利特尔（Arthur D. Litle）

小型企业家的经商"妙招"，就像旅行中酥脆的小包装饼干。

——新星资本管理公司（Nova Capital Management）执行合伙人，戴维·威廉姆森（David Williamson）

各个公司都需要战略，但他们没有时间制定战略，也没有时间去啃几本大部头书。沃恩·埃文斯解决了难题，推出这本短小精悍的《简明商业战略》！

——蜂巢有限公司首席执行官（Hive Ltd），梅里克·默瑟（Merric Mercer）

此书将一个艰巨的任务分解为切实可行的几个步骤，为制定商业战略提供了直接而有效的框架。

——贝尔德资本（Baird Capital）、英国私募股权（UK Private Equity）董事总经理，安德鲁·弗格森（Andrew Ferguson）

小企业管理者和经理人缺乏的珍贵商品就是时间。日常的经营只能撑到明天，跟手头的业务相比，商业战略似乎不那么要紧。他们当然知道应该制定发展战略，但何时制定、怎么制定却是个麻烦。业务太小，没有战略总监，他们也不知道何时何地去了解。这本《简明商业战略》便是福音！沃恩·埃文斯用简短、清晰的三段式代替了繁冗的理论，生动的案例、简明的要点及穿插的图表令文风生动明快！本书是小型经营者的必读物。行动起来，买一本读读，你立刻就可能看到效果！

——Haven Power 电力公司创始人兼董事，格雷厄姆·休斯(Grahame Hughes)

对于那些刚刚起步或正在发展自己业务、期望把理论应用于商业计划中的经营者来说，这是一本简洁、实用且易读的指南图书。

——维特鲁威投资公司(Vitruvian Partners)，本·乔(Ben Johnson)

我按照沃恩·埃文斯书中的指导，曾为自己的公司撰写了一份三年计划书。他在这本书里完善了部分章节并提供一系列实用方法来帮助你了解自身企业的优势、竞争对手的威胁及如何确定业务单元的优先级。他在短短150页的篇幅内用一系列接地气的案例讲明白了大道理。强烈推荐！

——金钥匙公司业务发展总监(The Key)，理查德·杰威尔(Richard Jewell)

本书深受读者喜爱，全球经典商业案例让枯燥乏味的理论变得生动有趣。对任何一家拟制定战略的公司来说，这都是本极为实用的指导图书。

——明星资本公司(STAR Capital Partnership)执行合伙人，保罗·高夫(Paul Gough)

沃恩·埃文斯坚持商业战略应当简单明了，否则经营者或经理人难以打动潜在的投资者。他提供了一种切实可行的有效方法，这正是本书亮点所在。

——葛兰素史克(Glaxo Smith Kline)研发业务分析和规划前总监，克里斯汀·哈维(Christine Harvey)

对于时间紧缺的企业家或经理人来说，这是一本极好的小书。他们的任务是通过制定自己的战略来满足我们投资者的苛刻需求。这本书是无价之宝！

——Epiris首席投资合伙人，比尔·普里斯特利(Bill Priestley)

我认识的企业家中很少有人真正喜欢花时间为自己的企业制定适当的战略。因为我们可以利用这些时间来打一些销售电话，想出一些新点子……可做的事情实在太多了。但是，沃恩·埃文斯在书中强调合理的战略不仅对成功至关重要，而且还可带来很多益处，尤其是会帮你筹集到新建公司或发展业务需要的资金！你不久便可以发现这本可读性极强的袖珍书会成为商业新手和企业行家眼中的争胜法宝！

——卡达西投资有限公司（Colordarcy Investment Limited)董事总经理，罗克斯利·麦肯齐(Loxley McKenzie)

沃恩·埃文斯的这本超级简明、清晰易懂的指南图书介绍了商业战略制定的内容、原因和方式。这将给时间匮乏的中小型企业高管带来巨大的便利！

——瑟弗顿资本(Sephton Capital)执行合伙人，理查德·坎普(Richard Kemp)

如果要投资就必须有一个强有力的战略，让支持者相信你可以拓展业务。这本书简明扼要地告诉你如何实现这个目标。

——德国威堡公司(Manfield Partners)，乔纳森·德里·埃文斯(Jonathan Derry-Evans)

序　言

首先我有个请求：如果你正在寻找一本鞭辟入里、开路先锋式的战略分析图书，那么我不建议你掏钱包购买。我不希望你将来在亚马逊网站上的评论区里留言批评这本书都是陈词滥调，毫无益处！

本书的主要内容就是战略，简单、明了。

本书的目标读者是中小企业家或在大公司负责大规模业务的经理人，他们期望自己的业务能够大跨步前进，达到自己的预期目标。

本书不适用于担任跨国或全球性公司的经理人，不适合渴望在咨询或投资银行业务上寻求新战略思维的商学院毕业生。

本书针对的读者是普通经营者，包括男士和女士。

显然，商业战略本是一项复杂的事物，学界和咨询界对此深以为然。不过对于大多数经营者来说，多数情况下这些概念不必复杂繁琐，掌握基本含义就可以了。

我在每章结尾提供了拓展阅读，大家可以按照自己的兴趣查阅。

与此同时，本书以最简洁、明了的方式讲清楚什么是商业战略。

本书直奔主题，剖析各种战略，为你呈现出制定商业战略必须掌握的核心部分。

本书在传达信息的同时尽可能让理论变得浅显易懂。

本书尽量不使用专业术语。

本书各章均引用不同的商业案例帮助读者阅读理解，包括世界各地的不同行业——英国的健身房、西班牙的啤酒、意大利的冰淇淋、美国的医疗保健、澳大利亚的网络和加拿大的婚介所等。

本书尽量采用图表形式而非文字来传递信息。

本书的潜在读者是缺乏阅读时间的商业人士。我们希望他们读书时可以迅速清晰、明白地获得信息。因此本书携带方便，尤适合乘火车或飞机的短途旅行。

细细品读此书吧！

目　录

Concise Business
Strategy

引　言

在引言中，你会发现：

● 简明战略

● 准备——了解你的业务

● 准备——明确目标

第一节　简明战略

> 大道至简。
>
> ——达·芬奇(Leonardo da Vinci)

先做最重要的事。作为企业家或经理人，你为什么要制定商业战略？什么是战略？你的公司为什么需要制定战略？

答案很简单：战略就是帮助你和企业实现几年内经营状况发生巨大变化的秘诀。

但是，你可能会说为什么我需要一个战略来实现这项目标？企业可以继续进行目前的生产，也许推出新产品，或是迈入新市场，三年后获得的利润肯定比当下高得多。

很好！你确实是有战略的，只是这一战略称为"直觉"。你的业务受市场支配，如果需求下降或客户转向其他替代产品，你的收入必然下降。同样，如果竞争对手推出更优质或更便宜的产品或从根本上提高了服务水平，你的收入也会下滑。

而且，如果你推出的新产品超级棒，但客户们并不买账该如何应对？

市场可能对你有利，你也可能做出了正确的投资决定。你可能会在第三年实现期望利润。那只是你的运气好罢了！

战略是为了减少你对运气的依赖。

战略是帮助你把公司提升到一个新高度——识别市场上正在发生的事情，充分利用公司的优势并把风险控制在最低限度。

更具体的来说，从技术上讲，战略是关于如何把公司的稀缺资源发展为持久的竞争优势，从而实现你的目标。

从大街拐角处的轮胎维修店到苹果公司，每家公司都需要战略。没有战略，你就只能随波逐流。

拥有了战略，你就拥有更多的机会，到达预期的成功！

起草一份商业战略并不难，这是个好消息！美国海军在20世纪60年代提出了KISS原则（Keep it simple, stupid. 让它简单易懂！），也就是"简单原则"。美国海军的战机设计就采用了这一原理。原因很清晰：设计越简单，工程就越简单；在航母上工作的工程师越有可能自行解决问题，无需陆上提供复杂的维修和保养设施。

我在本书中把 KISS 原则应用于战略制定。我把自己早期著作里提出的"战略金字塔"方法(见第四章)简化为基本要素。

我把战略构成部分减少为三项,因为依据心理学家的研究,这个数字是最与普通人相关、最便于记忆的数字。

这三部分简洁、可行:

发展战略

＝

了解市场

＋

创造竞争优势

＋

管控风险

如果省掉动词,更直接的说法是:战略＝市场＋优势＋风险。

上述公式可用模型表示为:

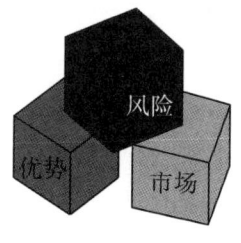

简明商业战略

这就是简化的战略。以美军"简单原则"（KISS）为基础，我称之为"极简策略"（KISSTRATEGY）。

三个战略有先后顺序，首先要了解市场。因为市场是战略发展的基础，它好比是引导战略车的头马。

风险管控是战略之车后面的摆车，及时负责战略的调整。

创造可持续性竞争优势是战略车上的物资，更是商业战略的精髓所在。

但是，在我们进入第一阶段——了解市场之前我们需要做一些准备，我们需要……

第二节　准备环节——了解你的业务

在开始制定战略之前，请先暂停一会儿。

你的业务中，哪部分能产生利润？

你需要了解自己的业务，明确主要业务现在及将来的发展方向。无论这些业务收益高低，你参与竞争并获益最多是关键。如果你的企业还正处于初创阶段，你也需要这样做。不过，我们将从识别一个成熟企业的核心业务单元开始。

识别核心业务单元

你的公司是否有一些核心业务单元，销售额不错但利润却少得可怜？那些对于你的公司来说，销售额一般、利润颇丰的前景性业务单元又有哪些呢？

制定战略的第一步是了解你的业务利润究竟来自哪里。

其中包括三个部分：

●你的公司内部，哪些业务单元是参与竞争的？产品是否分类，销售给不同客户群？

●这些业务单元中，哪个可以带来最多利润？

●随着时间变化，哪些单元会产生变化？

＊在本节中我们把"服务业"同样称为"产品"。

只有完成这种划分之后，你才可以开始制定策略。如果该业务单元的营业利润贡献率仅为 1％，未来 5 年内增幅有限的话，那就不必在这一单元中花费时间分析竞争对手数据或收集客户反馈了。

如何能使这一利润微薄的业务单元提高收益也许很吸引

人。但是，这对你的商业战略而言没什么价值，董事会或投资者不会有什么兴趣。

你需要在那些对企业利润贡献率已高达 80％以上，或者有潜力具备这样贡献率的业务单元投入时间和精力，进一步加强这些领域的竞争力。

首先，你的业务组合是什么？你的企业销售哪些产品或服务？向哪些客户群销售？哪个业务在你的企业中最为重要？

企业很少只向一个客户群提供一种产品。大多数企业为不同的客户群体提供许多不同的产品并通过不同的营销方法来售出产品。

提供给不同客户群的每个不同产品都是一个业务单元。哪一个单元对你公司的销售贡献最大？在过去几年中，核心业务单元对销售额的贡献有何变化？在接下来的几年中又会出现哪些新变化？

如下一页的图所示，饼图呈现的数据会使你一目了然：

那利润是怎样分配的呢？哪些单元对总利润贡献最大？如果你已经获得数据或者你已除去成本对净利润进行了合理评估，哪些业务单元对营业利润的贡献最大？

目前业务单元的销售额　　　　未来三年业务单元的预计销售额

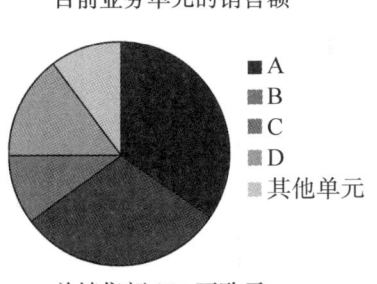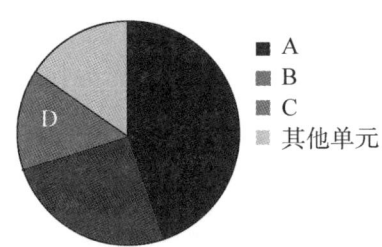

总销售额 150 万欧元　　　　　　总销售额 275 万欧元

业务组合

过去几年中核心业务单元对利润额的贡献有何变化？在接下来的几年中，它将又有哪些变化？

将业务单元的利润数据放入另外两个饼图当中，并将它们与收入数据进行比较。你能从中得出什么结论？

这种业务单元化的分析有助于你了解业务的基本情况并以此来制定你的战略。

小贴士

注意，避免出现"分析导致瘫痪"（即：只作研究分析，却没有采取任何实际行动）。你不要过细划分业务单元，专注于五六项可真正增加利润额的单元即可。

苹果公司(APPLE)的超级业务单元

下一个苹果公司的重磅产品将是什么？还会不会出现？股市似乎对行情非常看好。

在 20 世纪 90 年代，苹果公司是一家拥有一批忠实用户的个人电脑制造商。但是公司的规模不足以摆脱财务困境，销售额从 1995 年开始下降，直到 2005 年才恢复到之前的水平。在此期间，该公司的利润率较低或为负数。

然而不久之后苹果公司成为历史上最有价值的企业。2017 年 5 月，销售额高达 8000 亿美元。这是怎么做到的？

20 世纪 90 年代后期，苹果公司推出多款 Mac PC 机并且按照产品、用户类型和地区进行分类。当时的苹果 PC 机面临来自 IBM 及多家克隆产品的激烈竞争，这些 PC 机优化了用户界面并采用更高效的微软操作系统。苹果电脑的市场份额急剧下降。

一项新业务单元的出现带来了希望——牛顿个人数码助理(the Newton)；另一项是已初具雏形的业务单元——第一代便携式多功能数字多媒体播放器。苹果公司以 iMac 的命名方式把数字音乐播放器称为 iPod。

iPod 扭转了潮流，接着苹果公司推出 iTunes。这是音乐行业在数字媒体的革命，然后是真正引起轰动的 iPhone。iPhone 融合了手机、数字音频、视频播放器和数码相机的功能，非常前沿。之后，苹果公司推出了 iPad。这款平板电脑似乎注定不走寻常路，它的出现让其他产品线销售额迅速下滑。

目前，PC 电脑仅占苹果销售额的 11%（2017 年第二季度）。三分之二的销售额来自 iPhone 及其系列产品和服务，这侵占了 iPod 的大部分市场，iPod 销售额下降到 4%。

制定苹果公司未来几年的发展战略并非易事。苹果公司如何在智能手机市场抵挡来自三星、HTC 和其他智能手机品牌的竞争？那么下一个推出的重磅产品会是什么？

苹果公司的战略家们需要特别注意业务单元化。下一个像 iPod 的爆款产品将会是什么？苹果手表？苹果电视？这都充满了"苹果式挑战"。

初创公司中的业务单元化

你如果开始筹建一家公司，可能需要将业务进行单元化，除非你仅向一个客户群推出一种产品或服务。

但是，你确定只会有一种产品或者一个客户群吗？

尝试对你的产品和顾客群进行分类。进一步的业务单元化有意义吗？如果有，那就试着划分。如果没有，就不要因为仅仅看上去重要而浪费时间。要把注意力集中在一类客户群的唯一产品，即单一的业务单元。

但是，初创公司有一个很大的特点：无论你如何进行业务单元化，无论你确定了多少客户，看起来商机前景都很好。

毕竟，你现在还没有客户。

你的产品须从客户的利益角度出发，这是公司的定位。

不是让你压低产品价格给客户让利，而是要你的产品或服务能让目标客户受益。

谁是目标客户？他或她将从你的服务中以哪种方式受益？

他们是只能在这一个业务单元中获益吗？你还有没有其他竞争对手？

业务单元化会是你公司定位的核心，你可通过这种方式发现商机，只有你的产品才能让客户获益。

想要进一步激发这方面的思考，请阅读由约翰·穆林斯

(John Mullins)撰写的商业必备指南《新商业道路测试：企业家和高管在制定商业计划之前应该做什么?》一书"鱼会上钩吗?"这一章节。

这里有一个稍微不同的角度可以发现商机。你的产品可以解决市场上某些"未满足的需求"吗？它是否填补了目标客户需求的空白？这是威廉·布里奇斯(William Bridges)在《创造你和你的公司》一书中强调的新公司成功秘诀之一。他说"未满足的需求"可能会被发现。比如：图案中缺失的一角、未被发现的机会、未被充分利用的资源、引起触发事件的信号、尚未被承认的变化、被认为不可能的情况、尚未出现但是必要的服务、新出现的问题、瓶颈阶段、交叉领域或其他类似业务。

无论是处于"未满足的需求"，还是使你的产品以更有意义的方式满足客户利益，你都需要进行一些基础性研究（请参阅第二章第一节），挖掘可以满足潜在客户利益的一切资料。

这或许能帮助你在创建企业初期明确业务单元。

第三节　准备环节——确定目标

你希望在3～5年把企业发展到什么程度？想要哪种类型

的企业？你会用什么参数来衡量成功？贵公司的目标又是什么？

谈起公司发展的种种使命，我们可以听到诸如：展望、使命、目的、目标、宗旨、价值、原则、理想、信念、理念等。实在让人热血沸腾，头皮发麻！

更简单也更合适的做法只坚持两项：战略目标（又称"总目标"）和阶段性目标（又称"次目标"）。

"战略目标"就是贵公司最终期望达到的总目标。"阶段性目标"则是目前的任务，来衡量总目标是否实现的次目标，通常列出任务清单。

你的战略目标之一可能是使企业的服务获得当地客户最高的认可度。那么支撑这一目标的阶段性目标可能是，截至2015年你的年度客户调查"满意度"达到30％，截至2017年达到35％，之后达到总目标80％甚至更高。

战略目标具有前瞻性，阶段性目标具有操作性。前者应不囿于眼下，从远景出发规划企业发展。后者符合 SMART 原则，即具有明确性、衡量性、可实现性、相关性和时限性。本节后文还会对此进行详细说明。

其他目标均可归入到战略目标与阶段性目标框架中：

●任务——理论上讲，是什么助你的企业在竞争中脱颖而出？在实践中，你可以把答案作为战略目标。

●远景——理论上讲，你的企业预期是什么？发展成为什么样的企业？你可以把答案作为另一个战略目标。

●短期目标（或目的）——可以视为阶段性目标的同义词。

●价值（理念，理想或原则）——理论上讲，理念和原则是企业与股东价值最大化产生矛盾时解决的办法，如品质、道德、安全、健康、环境和其他与价值相关的需求。实际行动中，可以归为另一类战略目标。

制定长期目标和 SMART 目标是商业战略中不可缺少的部分。

小贴士

贵公司的首要目标是公司股东价值最大化吗？你在服务其他利益相关方还要做出怎样的努力？比如员工、客户、社区和环境保护。

你需要自己判断，不可避免地要权衡利弊。但是，请你谨记：如果股东没有收益，你就失去生意；你若没有生意，只会令对手获益。你本人、你的员工和客户甚至税务工作者的收益都将难以维系。

确立长期战略目标

设定战略目标是商业战略的基石。在接下来 5 年或更长的时间里，这一目标应统领贵公司的主要战略活动。

设定战略目标时，主要考虑以下因素：

● 战略目标要与阶段性目标不同。

● 战略目标应具有长期性，短期战略目标在策略制定中影响有限。

● 成功的战略目标催人奋进。

● 财务目标用来权衡股东和股票持有者之间的关系。

● 与价值相关的其他目标同样生效。

战略目标就是贵公司最终期望达到的总目标。阶段性目标则是目前的任务，来衡量总目标是否实现的次目标，通常列出任务清单。战略目标会促成核心业务单元低成本。对应的阶段性目标有可能在 3 年内将单元内运转成本降低 15%。

第二，将短期战略目标视为本年度预算内或年后需完成的任务。这在短期内会很奏效，有利于金融市场看涨、股东满意，并且获得与业绩相关的其他红利。

但是，预算范围内的利润可能对战略整体发展缺乏显著影响力。商业战略需要考虑的绝不仅是短期的市场需求趋势和行业竞争力。短期内的激烈竞争会导致贵公司在中长期发展过程中需求度或竞争力下降，请看下面的图示。

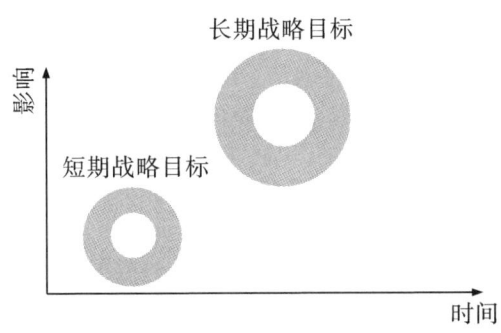

确立长期战略目标

第三，设定战略目标要具有激励作用。以市场或客户为导向的目标通常会让销售人员获得行动的动力，并且易于管理。企业便于收集到超过一定规模的市场份额数据。3 年内，战略目标会促使某项业务单元取得市场领导地位。

关于客户满意度或客户维持度的战略目标亦同样有效果（阶段性目标——请见后文）。

运营性的战略目标同样会激励整个运营团队——甚至比市场目标更易于管理。例如，5 年内，某项业务单元实现了成本领先的目标，这可以大大激发团队的活力，改进业绩。降低企业内部单位成本的进展状况可按时追踪，并且与竞争对手进行年度比较。

小贴士

不要设立太多的目标。心理学家认为，人类记忆最佳数目为 3。你的目标请不要超过四五项。

如果你设定 12 个目标，最多侥幸完成一半。倘若你只设定四五个，那么基本可以全部实现。

案例：玛氏食品公司（MARS）

美国巧克力生产商玛氏公司与美国胡佛牌吸尘器（Hoover）一样，在业界的影响力不分伯仲。

然而，玛氏食品公司除了这款同名巧克力棒之外，还开拓了许多其他产品。比如很多消费者并不知道银河棒和 M&Ms 系列巧克力棒都是玛氏食品公司旗下的成员。

多数人也没有意识到，巧克力糖果业务仅是这家低调十分、规模巨大的私人家族企业的一部分。玛氏年营业额超过 330 亿美元，拥有 75,000 名员工。六个战略业务部门涵盖巧克力、宠物护理、口香糖、食品、酒水和生命科学等，包括宝路食品（Pedigree Chum）、箭牌口香糖（Wrigley's gum）和大班叔食品（Uncle Ben's）等国际知名品牌。

这都是源于玛氏食品公司仍是一家私营家族企业。企业的五项重要经营原则中处处显示出创始人弗兰克·马尔斯（Frank Mars）与福雷斯特·马尔斯（Forrest Mars）父子的身影。

●质量——客户就是我们的老板，品质是我们的工作，物有所值是我们的目标。

●责任——作为个人，我们应自负全责；作为员工，我们支持他人负起责任。

●互惠——互利就是共享利益，这样利益才会持久。

●效率——我们充分利用资源，不浪费任何资源，只做我们最拿手的产品。

●自主——我们需要自主来创造我们的未来，而利润才能保证企业的自主。

玛氏认为这些原则是一套有助于塑造和定义公司的基本信念，不仅表达了我们是谁，还表达了我们想到哪里去以及成为什么样的人。

这些都有价值，或许确实可以激励员工。不过，尝试说一些与上面关键词相反的短语，比如：

●质量——消费者是我们的仆人。

●责任——我们不要求自己承担任何责任。

●互惠——我们的行动应始终以牺牲他人为代价。

> ●效率——我们浪费一切资源。
>
> ●自主——我们需要束缚来创造我们的未来。
>
> 秉持上述原则的企业将无法长久生存，这也就是说玛氏原则的正确性毋庸置疑。与战略目标或阶段新目标不同，原则在战略规划中几乎没有实际性的作用。
>
> 但是，在家族企业玛氏看来，这些原则似乎十分奏效。对商业原则持有宗教般的信仰会令其他经营者从中受益。

确立 SMART 阶段性目标

阶段性目标与战略目标紧密相关。贵公司以实现战略目标为总目标，阶段性目标是具体任务，在完成期间或通向总目标过程中，多以清单形式出现。

你的战略目标或许是 2020 年争取获得核心业务单元的区域市场龙头地位，这是一个值得奋斗的目标，但对于稳健的战略而言却过于模糊。更加精准的目标是市场份额占有率 2019 年为 33％，2020 年要达到 35％！这个阶段性目标会有助于你实现占据龙头的期望。

战略目标具有指示性和方向性，阶段性目标具有精确性。你的阶段性目标应设定如下：

● 明确性——针对特定参数的精确数字。

● 衡量性——该参数必须是可量化的。例如业务单元中明确的市场份额占比而不是诸如"最佳供应商"之类的模糊标准。

● 可实现性——不可能实现的目标没有意义，因为不可避免地会令人失望。

● 相关性——阶段性目标应与战略目标相关。如果总目标是夺取市场领导地位，那么在商业期刊上荣获"年度最佳销售"则相当于未完成目标。

● 时限性——你应指定实现阶段性目标的时间，没有时间限制的目标不会产生动力，反而会因延迟造成决策困难。

阶段性目标应符合 SMART 标准——参见下一页的图。最佳的阶段性目标要有智慧。如上文"区域市场的领导地位"所示，阶段性目标具有明确性（该业务单元的市场份额目标）、衡量性（市场调查显示占有 35％ 的市场份额是否可以实现）、可实现性（你现在的市场份额是 29％，客户对新产品的接受度也很好）、相关性（市场份额是衡量市场领导地位的最终指标）和时限性（2020 年要实现市场份额占有率达 35％）。

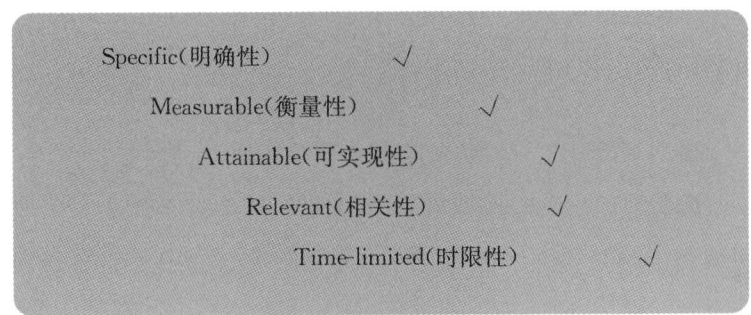

Specific(明确性) ✓
Measurable(衡量性) ✓
Attainable(可实现性) ✓
Relevant(相关性) ✓
Time-limited(时限性) ✓

确立 SMART 阶段性目标

与设定短期目标一样，保持简单即可。

战略目标越简单越好，稳妥的做法是设定四五个战略目标，分别包含一两个阶段性目标。

好了，你现在已经对业务进行了单元化并且确定了战略目标和 SMART 阶段性目标。

你已准备妥当，可以去制定贵公司的简明战略了！

小贴士

对于目标这类话题还有不同看法。理查德·鲁梅尔特 (Richard Rumelt) 在 2011 年畅销书《好战略，坏战略》中指出战略实施成功与否很大程度上依赖于"近距目标"。近距目标是由一系列非常接近的目标组成，整个公司通常都会实现、甚至超额完成这些目标。他特别强调 SMART 目标中"A"，

即可实现性的重要性。

　　他列举了肯尼迪总统曾承诺个人能够登上月球。这个目标听起来简直是白日梦，但是政治效果显著，民族自豪感爆棚。当然，肯尼迪手中握有一张王牌——他已经知道具备了实现这个梦想的技术。

第一章

了解市场

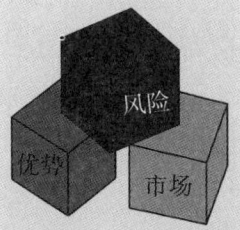

花在侦察上的时间是不会白费的。

——军事准则

●预估市场需求

●评估行业竞争

市场是制定战略的基础。如同盖房子需要坚实的地基一样，制定战略需要对市场充分了解。

制定战略只考虑提供优质服务，置市场于不顾，就如同沙地建房，不堪一击。

正如著名军事准则所述：花在侦察上的时间是不会白费的。

市场中有两大问题需要解决：供给与需求。

供给影响生产并引起生产商相互竞争，从而供给决定市场份额，市场价格及盈利等。

让我们先从需求谈起：如何预估市场需求大小及预测需求导向。

第一节　预测市场需求

> 顺风总比逆风好。
>
> ——出处不详

公司市场规模有多大？长期影响需求增长的因素有哪些？这些因素如何变化？未来需求会增长多少？有何风险？

你需要回答上述问题，同时要将问题及答案告知公司主要业务部门。

确定市场规模

规模很重要。

如果不了解市场，就难以预测市场需求增长幅度；如果不了解市场份额，就难以判断企业竞争力水平。最终将难以制定制胜策略。

公司规模越大就越易获取市场规模数据。行业联系与合作激增，许多公司要么自己计算市场份额，要么让专业市场调研公司去计算。各专业调研公司竞争激烈，他们力求数据涵盖所有市场，认为这些市场拥有足够的客源以保证盈利。

一些中小企业并未过多关注这些市场调研公司。然而，有些则相反。一些刚起步，甚至只靠一人运营的市场调研机构每月向盈利一到两千万英镑的公司及其 6 家竞争对手提供市场数据，这令我十分惊喜。

但是，大多数中小企业无法访问市场数据。无独有偶，一家营业额超过 1 亿欧元的中型公司很可能会在市场研究报告中涵盖其大部分业务，但明星业务部门的营业额不一定达到 800 万欧元，只有两个主要竞争对手并且以每年 25％ 的速度增长，业务单元的市场可能还太小，潜在客户太少，无法吸引市场研究人员。

如果找不到现成的市场规模数据，则应尝试自己确定市场规模。

首先，你必须确定要寻找的内容：上市市场或目标市场。差异可能很大：

●**上市市场**——当前提供商品和服务的商家以及不确定购买商品和服务的人；

●**目标市场**——对所有你能提供服务的人扩大服务范围。

以下有六种评估市场的主要方法：

●**自上而下的市场研究**——从已知的、研究过的市场开始，削减不适用的部分，对相关份额做合理评估，然后深挖目标市场。

●**自下而上的市场研究**——从市场调研报告中获取分解数据，把组成目标市场的相关数据组合起来。

●**自下而上的消费者评估**——评估每一个主要客户在目标市场的消费量，同时也考虑其他次要客户。

●**自下而上的竞争者评估**（或"市场策划"，请参见下文）——评估你的竞争者在目标市场的规模。

●**相关的市场三角定位**——用两三个甚至更多相关市场的规模粗略地衡量目标市场的规模。

●**终极三角定位**——结合以上来源的估算值和对他们进行合理性检查（差异性？你对哪种方法最有信心？总的来说，什么感觉正确？）考虑每个估算的可靠性等级，计算相对概率和目标市场规模的加权平均估计。

市场策划是一种特别有用的方法，因为它提供的基础数据不仅用于市场需求分析（本节），而且用于工业供应（下一节）。这是我几年前开发的一种技术，适用于对客户和竞争对手足够了解，但对市场规模却缺乏把握的客户。我主要在利基市场

（niche market，也称"小众市场"）或较大市场的分市场中使用过它，现在又在更大市场中使用。我最近用它来估计北美某工程领域的市场规模约为 1.75 亿美元，奇怪的是，这没有引起市场研究机构的关注。

市场策划有 7 个主要步骤：

1. 选择你的主要竞争对手——你经常与参加贸易展览会的对手竞争——不要忘记外国竞争对手，尤其是来自低成本国家的竞争对手。

2. 对手 A：你认为他们的销量比你进入该市场的销量多还是少？如果少了，粗略地算算少了多少，他们卖了你的一半吗？四分之三？如果他们卖得比你多，那么再粗略地估算多多少？多 10%？多三分之一？是否有任何公开可用的信息可以指导你？如果竞争者 A 是一家私人公司，则不太可能在该市场上进行销售，但是就业数据可以作为参考。客户告诉你什么？供应商——他们向 A 公司运送的产品是否比向你运送的产品多？

3. 以你当前的销售水平为索引，指数为 100，将适当的指数分配给竞争对手 A：如果你认为他们在这个市场上的销售量少于你，但不是那么少，比如 10%，请给他们一个指数 90。

4. 对第 1 步中指定的每个竞争对手重复第 2 步和第 3 步。

5. 考虑你尚未提及的其他竞争对手，以及规模较小的或只是一次出现的竞争对手，这也应该是指数。如果你认为所有其他这些产品的总销售量约为市场销售量的一半，则将此"其他"类别的指数指定为 50。

6. 将所有的销售指数相加后除以 100，再乘以你的销售水平，最后就是你对市场规模的初步估算。

7. 要求你的销售总监也做同样的市场策划活动，寻求运营总监和研发部总经理的意见；他们的观点会与你的有所不同，所以要经过谈论再确定销售指数；现在你就已经建立了一个合理的市场规模的估算。

市场策划不是一个精准的过程，也不能保证最终的数字不会出现任何纰漏。但这总比什么也没有好，而且还要好得多，因为你现在就可以利用估算结果来获取三个参数的值，这就是制定发展战略的关键。

●**市场增长**——重复以上的市场策划活动来估算三年前的市场规模。例如：三年前，该新工厂投入运营之前，竞争对手 A 公司在这个市场上的销量是比你多还是比你少，以此类推来估算市场的规模；你现在就能掌握两个数据点，分别为现在的市场规模和三年前的市场规模；将这两个数据点输入到计算器中，算出的三年内的平均复合增长率就是最近市场增长的估算。

●**市场份额**——现在已经知道了大致的市场规模，也知道了市场份额（预估市场规模除以销售水平），之后就能估算出每个竞争对手的市场份额。

●**最重要的是，市场份额变化**——现在已经有了三年前和现在的市场份额参数，就可以估算出你的以及竞争对手的市场盈利额（亏损额）；这些参数对你以后的竞争非常有帮助。

下面以北美工程公司为例，说明经过市场策划后的数据发现：

市场策划：案例

竞争对手	预估销量指数（去年）	市场隐含份额（%）
公司名称	＝100	17％
竞争对手 A	120	21％
竞争对手 B	85	15％
竞争对手 C	125	21％
竞争对手 D	65	11％
竞争对手 E	30	5％
竞争对手 F	20	3％

续表

竞争对手	预估销量指数（去年）	市场隐含份额（%）
其他竞争对手	40	7％
总　　计	**585**	**100％**

该公司在此部门的营业额约为 3000 万美元，所以它的市场规模预估是 585 除以 100 再乘以 30，最后约为 1.75 亿美元。而该公司的市场份额约为 17％（100 除以 585），这远低于市场策划活动之前报价的 25％。同样地，远东竞争对手集团 D 的市场份额尽管达到 21％的显著水平，但似乎仍不及贸易新闻中引人注目的三分之一高。

在我们反复做市场策划活动来计算 3 年前的市场规模时，我们发现在信贷紧缩后的经济衰退期间，市场严重收缩，跌幅也高达三分之一，粗略地来算是一年的 10％。同时远东竞争对手的份额很快大幅度从 9％增长到 32％，而国内参股者的股份受到损失，包括那家从 20％跌到 17％的公司。

这些发现都是很重要的。当然，他们事先都已经知道这些发展趋势，所以他们会通过市场策划的方法进行量化。尽管这很粗略，但却提出了一些大胆的主张，并且这有助于将注意力集中在未来的战略挑战上。

小贴士

谨慎对待市场评估结果。如果你的分析表明，某家竞争对手的市场份额为 24%，而你听说该公司销售总监近期在贸易展上吹嘘其公司拥有三分之一的市场，那么不要认为这是销售的高谈阔论而将其忽略。再看看你的数据。他的数据有没有可能是对的？他是不是有你尚未得到的信息？他的数据对你的份额或其他竞争对手的份额有何意义？

这些数字并不准确，所以要利用每一个机会反复核对。数据虽不准确，但有胜于无，虽然有时它们会误导大众。

评估市场需求

在商界中经常听到本节开头引用的话：顺风总比逆风好。

这是一个概率问题。与在一个不断缩小的市场相比，在一个不断扩大的市场中，你更有可能获得成功。

市场规模固然重要，但在制定战略过程中，市场在做什么以及市场动向往往更重要。因为市场是动态的，而不是静态的。那么在你的主要业务部门，市场需求是增长、减少还是持平？

这是一个重要问题却不是唯一问题。我们将在下文看到，竞争实质以及如何应对竞争也同样重要，这是首要问题。

多年前，我提出了4个步骤，用于将市场需求趋势和驱动因素转化为需求量预估。出于两大原因，我称之为"HOOF"法。其实，"HDDF"才是每个步骤首字母的确切表示，然而"HDDF"这样的缩写过于糟糕，毫无吸引力且难以给人留下深刻印象，所以我就创造性地借用相似的圆形字母O来表示半圆形字母D。

其次，它让我想起了曾任教过的少年足球队。无论我对着球员大喊多少次，让他们沿着场地，简单带球突破防守，然后抬头，将其传给附近的球员，他们还是会盲目发力将球踢出边线。

用"HOOF"法预测需求分4个不同的阶段。如果过程有误，你可能会得到错误结论。只有过程正确，一切才会合乎逻辑。你需要将这4个步骤应用于每个主要业务部门。

4个步骤是：

1. 历史增长（Historic growth）——评估市场需求在过去如何增长。

2. 历史驱动力（Drivers past）——找出促进增长的历史驱动力。

3. 未来驱动力（Drivers future）——评估这些驱动力和其

他驱动力的影响力是否会在未来发生变化。

4. 预测增长（Forecast growth）——结合未来驱动力的影响程度预测市场需求增长。

让我们简要地看看每个步骤，然后再看一些例子。

1. 历史增长

结合历史增长情况，你可以获取事实及数据。不管是定期还是一次性购买，如果你能获得市场调研数据，那么这些数据能为你提供所需的一切信息。如果你无法获得市场调研数据，那么你可能需要做一些市场评估——参照前文。

要小心，不要因为相信较新的数据而落入陷阱。比如说，去年某项服务需求增长了 8% 并不意味着该市场的趋势增长率为每年 8%。去年的数据可能发生异常变化。市场的趋势增长率可能在两年前下降，去年保持稳定然后今年增长了 8%，那么过去 3 年的平均年增长率可能只有 2%。

你应该尽量获取近些年的平均年增长率（混合增长率），特别是近三四年的。一般来说，只要不出现 2007 年 11 月那样严重的季度波动，你就可以通过计算过去 4 年的总体变化百分比，然后将其换算成年度增长率，从而得出一个有用的年平均增长率近似值。如果出现波动，在计算变化百分比之前，你可以根据 3 年波动平均值来平缓波动对数据的影响。

需要注意：一般情况下，人们按实际数值衡量、分析以及预测市场需求增长。你应该了解这些增长率间的差异：

●名义价格，即商品或服务以当日货币定价。

●实际数值，即名义价格增长率减去该市场商品平均价格增长率；只要使用正确的平减物价指数，就可将该增长率视为衡量增长额的指标。

在制定战略的整个过程中，你应该始终用实际数值来分析所有比较市场增长率。

但是，如果你还需进行业务规划和财务预测，就必须将平均价格预测重新纳入计算中。这样一来，你就可以直接将收入预测及整个损益表同名义价格下的市场预测增长率进行比较。

2. 历史驱动力及当前驱动力

如果你获取了一些近期市场需求增长的信息，那么找出影响增长的因素。影响市场需求的典型因素有：

●人均收入增长；

●总体人口增长；

●市场的特定人口增长（例如老龄人口或婴儿潮，或特定地区的总体人口增长）；

●政府政策或采购的某些方面；

●意识改变，竞争对手的高水平促销可能导致这种变化；

●业务结构调整（比如说外包）；

●价格变化；

●流行、甚至狂热期；

●天气——季节性变化，甚至可能是气候变化带来的长期影响。

或是你的部门深受其他部门需求影响，特别是客户部门。因此汽车、船舶、资本货物、设备和建筑需求很大程度上能够决定钢铁需求。

3. 未来驱动力

现在，你需要预估这些驱动因素在未来几年会如何发展。事情是一如既往还是会发生巨大变化？

例如，移民会一直促进当地人口增长吗？政府可能提高地方税吗？当前市场会不会变得不受欢迎？

垂直行业和互补行业的前景怎样？

当然，经济周期是最重要的驱动力。假设你的业务对经济周期相对敏感（或者用经济学行话说，有弹性），经济暴跌可能会对你未来一两年的业务需求造成严重影响。或者你的业务相对缺乏弹性，比如说在食品行业。你可能需要仔细考虑经济周期的特定时间和业务弹性。

4. 预测增长

这是有趣的部分。如果你已收集了所有关于过去趋势和驱动力的信息，那么现在你可以把它们整合到一起加以分析判断从而预测市场需求——这仅仅是系统性的推导预测，所以该预测具有风险性和不确定性。

让我们来看一个运用 HOOF 方法的简单例子。比如贵公司的某业务部门向老年人提供相关新服务。步骤一（H）：你发现近几年市场每年增长率为 5%～10%。步骤二（O）：你找到主要驱动力：(a)人均收入增长、(b)老年人口增长、(c)为老年服务的意识增长。步骤三（O）：你认为收入将像以前一样持续增长、未来老年人口将增长的更快以及这种意识将会更普及。步骤四（F）：你得出结论：未来几年市场将加速发展，年增长率可达 10%。

"HOOF"法常用在图表中。上面的例子很简单，用图表形式来表示就更简单明了——见下图。正负号或 0 的数量体现了每个需求驱动因素对需求增长的影响。在这种情况下，你可以看到，与过去相比，未来的正号更多，这意味着需求增长将会加速，即从曾经的每年 5%～10%，增长到每年 10%以上。

针对老年人的新服务 需求驱动力	对于需求增长的影响		
	过去	现在	将来
收入增长	—	0	+
老年人口增长	+	++	++
服务意识增强	++	++	+++
整体影响	+	+	++
市场增长率	5%～10%/年	5%～10%/年	>10%/年
驱动力影响图例 正：+ 无：0 负：—	H	DD	F

在现实世界的战略发展中，会出现更多这样的图表，每个关键业务部门都有，而且每个图表上将有更多驱动因素。但"HOOF"法的基本原则将保持不变。图表将显示历史增长率（H）、明确历史和未来驱动力的相对影响（O&O），最后得出该部门的增长预测（F）。

电影院无可替代

20 世纪 80 年代中期，我为一家公司评估商业计划，该公司打算在英国开发系列多映厅影院。这个想法在美国行得通，那在英国呢？

在电视出现之前，看电影是英国人生活中不可或缺的一部分。第二次世界大战后，1946 年，影院观影人数达到巅峰为 16.4 亿，差不多每个英国男人、女人甚至孩子在一年内就看了 33 场电影！也就是说，这个国家的每个人平均八九天就去看一次电影。

然而电视的出现改变了这一切，在舒适的客厅里，电视就可以播放电影。越来越多的家庭养成了看电视的习惯，从而导致影院上座率呈下降趋势。到了 20 世纪 80 年代，视频所有权和租赁权加速了电影院的衰落，电影院的末日似乎近在眼前。

截止 1984 年，英国影院观影人数已降至 5400 万，这与 20 世纪 40 年代英国《乱世佳人》单部电影的影院观影人数 3500 万相差无几。1980 年影院观影人数如同落石一般跌落 1 亿。

然而，影院上座率似乎有回升趋势。1985 年，影院观影人数回升至 7000 万，1986 年，影院观影人数则稳定在 7300 万。1987 年，我看到这个商业计划。未来将会如何？英国电影业能否重生？

两个需求驱动力似乎预示着希望：

●多映厅影院的出现——位于英国米尔顿·凯恩斯（Milton Keynes）的"The Point"是首个多映厅影院，该影院有 10 个放映厅，头两年就卖出了 200 万张票，熙熙攘攘的大厅成为了城市年轻人的社交聚会场所。

●影院升级——伦敦和其他城市的消费者似乎准备

为更舒适、更令人振奋的体验多花点钱。

但需求风险巨大，包括：

●米尔顿·凯恩斯也许不能代表整个国家。

●如果成功的话，多映厅影院可能会导致小型单屏影院停业从而获得极少净收益。

●多映厅影院可能会成为一种潮流。

●DVDs取代了录像带从而促进了家庭电影体验的升级。

●自20世纪40年代以来，导致影院上座率持续下降的社会经济因素仍然存在。

总的来说，这似乎值得一搏。多映厅影院似乎是一缕阳光。影院上座率极有可能保持回升状态，不会再次下降。但银行业的同事则更倾向于规避风险因而退出了交易。

不利消息。影院观影人数持续上升，1990年已恢复到10年前的水平，1亿的影院观影人数。影院观影人数并未停滞于此而是继续增长，偶尔出现年度波动，直到2002年达到顶峰1.76亿。自此，影院观影人数一直在1.7亿上下浮动，同时年度波动趋势也反映了年度大片是否成功。

如今，英国人平均每年看3次电影，频率远远少于20

世纪 40 年代，但与美国和冰岛相比差距不大，美国为每年 4 次，冰岛为 5 次。

那么未来呢？如今，豪华影院、3D 电影和偶尔出现的热门影片属于积极需求驱动力。与之相对，具有 3D 功能的优质大屏电视则属于消极驱动力。

竞争也属于消极驱动力，竞争对象不光有电视、视频、互联网和电脑游戏，还有网飞（Netflix）和亚马逊（Amazon）平台的准视频点播产品。

此外，电视剧的质量也有所提高，比如《权力的游戏》（*Game of Thrones*）。观看者可以利用具有回放功能的电子产品，如 iPlayer 和个人录像机观看那些因忙碌而错过的必看节目。DVD 和非法下载已不值一提，更不用说去电影院了。

最后，电影行业面临挑战。该行业需要制作像《哈利·波特》《指环王》那样极其成功的系列电影。

这是一个艰难的决定。但可以肯定的是，电影院不会消失。

评估初创企业的需求

一方面，如果你的公司是一家初创企业，评估需求可能是战略发展中最棘手的部分，但却是最重要的部分。

公司所提供的新产品或服务旨在实现新客户的利益，在这种情况下，你如何定义市场？

什么是产品的新市场需求？规模怎么样？增长前景如何？

另一方面，你的创业企业可能已处于特定市场之中——就像一个宾馆，不仅要与众不同，还要同当地兴旺的三星级旅游市场相契合。

或者你可能在商业街开了一家卖童装的精品店。同样，这也是一个特定的现存市场，可以用上文所述的相同方法进行研究。

但是，如果你所在的是一个全新的市场该怎么办？你该如何说服投资者，如何证明会有买家以现有价格购买你的产品或服务。你需要证据。

你必须试销。如果是面向企业的产品，打电话联系潜在企业买家并预约面谈。向其解释产品优点以及价格的性价比。

记录会议并分析结果。讨论后，写一份报告，内容包括关键结论及有说服力的论据，论据可以是已知客户评论，媒体引用的第三方评论或网络数据。然后将它们整理成一份简短而清晰的市场研究报告，作为战略文件的附录。

如果你提供的是面向消费者的产品或服务，那就在市中心试销。展出你的宣传板，在商场或超市外面与购物者交谈。如果你提供的是产品，向他们展示产品；如果你提供的是一项服务，简明扼要地向他们阐释其优点。

再次整理并分析反馈内容，结合报价和数据得出明确结论，并将市场调查报告添加到附录上。

现在，根据这些反馈来估计潜在市场规模。想象一下，你的产品或服务有很多供应商，同时整个国家都知道它的存在，那么市场规模会是多少？这与你所提供的产品或服务的市场规模相比有什么不同呢？你的估计有意义吗？

市场需求增长如何？如果你的初创企业服务于现有市场，那么你可以像成熟企业那样，用 HOOF 法来预测需求。

如果你的初创企业服务于新市场，首先你要考虑的不是预测需求增长而是找到相应的市场。在发现和服务于新市场后，预测需求增长将会是锦上添花。

小贴士

　　如果你的公司刚刚起步，那就测试一下市场情况。打电话或走出去和人们交谈。做一些初级市场调查。收集、整理并分析相关数据。准备好应对投资者提出的问题。

第二节　评估行业竞争

> 与鼠相争，其问题在于：即使获胜，你还是只老鼠。
>
> ——莉莉·汤姆林(Lily Tomlin)

　　你不是独自面对商业竞争。因为有其他企业提供和你一样的或相似的产品或服务。

　　他们是你的竞争对手，尊重他们，然后超越他们。

　　首先，想想所有人，包括自己和竞争对手所面对的问题。这些问题就属于行业竞争问题。

　　供给是理解市场的另一个角度。第一个方面是需求，将在最后一章中介绍。第二个方面就是供给。市场需求、行业竞争和供求关系共同构成了贵公司经营的市场。

在制定战略时，你需要了解市场的两个方面。在本书中，我们将从五个方面来看供给：

●了解你的竞争对手；

●评估竞争强度；

●明确客户的购买标准；

●得出行业成功的因素——这是为你的公司创造竞争优势前的重要准备步骤（第二章）；

●承认初创企业存在竞争因素。

首先，好好观察你的竞争对手。

了解竞争对手

看看谁是你的竞争对手？是否公司的不同部门对应不同的竞争对手？是否间接与其他对手竞争？

你需要尽可能地了解所有部门的竞争对手，不管是直接竞争对手还是间接竞争对手。可以从网络、贸易展览会、供应商、客户、行业观察人士和前雇员等渠道获得数据、信息或意见，内容应涵盖销售额、销售增长、营业利润率（很难得到私营企业的营业利润率)、所有权、部门重点、附加功能和销售/服务团队定位和实物资产配置。当然,还有战略及所有相关事物。其中战略应包括工作重心、定位、独特卖点、定价政策、近期投资、增长或新定位计划。

接下来,思考一下:你所在的行业竞争到底有多激烈?

小贴士

深入研究你的竞争对手。记住孙武将军的忠告:知己知彼,百战不殆。

评估竞争强度

某些行业比其他行业竞争更加激烈。希望你们所处的行业竞争没那么激烈。但你仍需要了解评估竞争强度。

需要说明的一点是:"工业"这个词有时会让人联想到工人们光着膀子,艰难地用铲子将煤送进炉子的画面。然而,这里所说的是广义的"工业",即生产者或服务人员共同服务于特定商品或服务的市场。

任何行业都面临六种主要压力(见下一页的图),它们共同决定了竞争激烈程度:

●内部竞争——来自你的竞争对手，主要取决于竞争对手数量、是否有领先者、市场需求是否在增长以及整个行业的供需平衡；其他压力来自退出壁垒，这些壁垒迫使参与者放弃退出，留下来继续战斗。

●新进入者的威胁——当资本、技术、运营或人员方面的进入壁垒较低或者当客户转换成本较低时，新进入者的威胁会更大。

●替代产品或解决方案的出现——客户可以放弃你的产品，选择替代产品或解决方案。

●环境因素——包括工业、环境、就业及其他。如政府补贴、法规、工会（限制竞争行为可能会提高进入壁垒）或法律。

●供应商议价能力——通常取决于供应商数量或几个主要供应商。

●客户议价能力——与供应商议价能力一样，通常取决于客户的数量或几个主要客户。

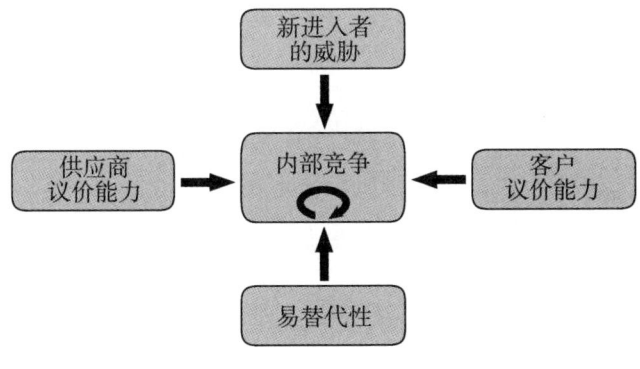

竞争形成的五大因素

在某些行业中，如软饮料、软件和化妆品行业，这些压力一直存在且有助于提高利润率。而在其他行业，如航空业或纺织业，情况则正好相反。每一种压力都对参与者不利，导致多年平均利润率很低。

你所在行业的这些压力有多大？高、低、中？或者介于他们之间？

综合所有的压力，你所在行业的整体竞争有多激烈？

让每个部门也综合压力因素，考虑竞争力强度。每个部门的竞争力强度有何不同？

那么未来呢？行业竞争将会加剧吗？不管现在有多艰难，你和竞争对手都会获得一定的平均营业利润率。

但是竞争力在未来几年是否会对利润率造成威胁？如果会，你需要在策略开发的第二部分中考虑到这一点。

案例：百视达公司（BLOCKBUSTED）

2000 年初，百视达商店无处不在。1985 年，这家公司只有在美国达拉斯的一家店。后来经过发展，该公司在全球拥有 9000 家商店及 6 万名员工，市值最高达到50 亿美元。

百视达成功化解其承受的大部分行业压力：

●内部竞争——多年来，百视达击败、收购了大多数竞争对手，包括最大的竞争对手好莱坞影视公司。

●新进入者的威胁——其在该行业的主导地位很大程度上削弱了新进入者的威胁。

●替代产品或解决方案的出现——后来成为问题（见下文）。

●环境因素——无明显的压力。

●供应商议价能力——因为其主导地位，百视达可以向电影和游戏供应商大谈条件。

●顾客议价能力——顾客可以选择夫妻店或小型连锁店，但这些店的规模和经营范围远不如百视达商店；尽管百视达商店会收取一些惩罚性的滞纳金，但人们还是会选择它。

2000 年，百视达曾有机会以 5000 万美元收购一家初创的在线 DVD 订阅邮政运营商，该运营商主要提供一项新兴的流媒体服务。尽管晚了 4 年，百视达还是选择自己开发产品。现在，网飞（Netflix）市值已超过 600 亿美元。

替代解决方案是足以击垮百视达的唯一行业压力。视频流媒体服务商网飞、葫芦网（Hulu）的兴起致使影片租赁店破产。

明确客户购买标准

汤姆·彼得斯（Tom Peters）在书中写道："所有的商业成功都与销售有关，因为至少它在短时间内将公司和顾客联系在一起。"

但是为什么那个顾客从别家公司买东西呢？这就是问题所在。

主要部门的客户需要从你和你的竞争对手那里得到什么？他们是否在为特定产品（或服务）寻找可能的最低价格？他们是否会为寻找高质量产品而不顾价格？还是介于两者之间？

客户在你的其他业务部门有同样的需求吗？某些客户群体是否更看重某些需求？他们究竟想要什么样的产品？高规格产品？能快速交付的产品？最可靠的产品？拥有最好的技术支持的产品？以客户为中心的服务？

小贴士

你可能会问，这些理论看起来都行得通，但你怎么知道客户想要什么？很简单。问他们！

> 不需要很长时间。在与任何一组客户讨论几次后，你会意外发现有预见性的方案是如何产生的。有些人可能认为某个需求最重要，而其他需求相对重要。
>
> 其他人可能认为这个需求不重要，然而这是不对的，因为任何一个群体的顾客都有相似的需求。

供应商的客户需求就是所谓的客户购买标准，十分有用，可以将其分为六类。以下为相关客户需求：

● 产品（或服务）效能体现在质量、设计、特性、规格、功能、可靠性方面；

● 服务效率，方便快捷，及时送达客户；

● 产品（或服务）提供范围；

● 与生产者的关系；

● 场地（只适用于客户前往供应商场地的情况）；

● 价格，这仅次于产品（或服务）的重要标准。

为了方便记忆，可以用相似含义表示它们，如下一页的图所示的 E2 - R2 - P2 客户购买标准。

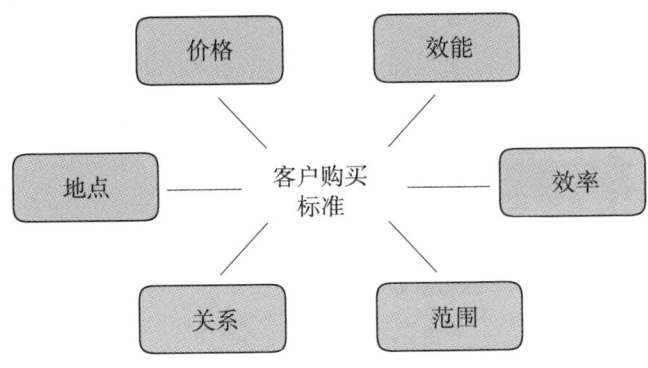

E2 - R2 - P2 客户购买标准

在这些标准中，哪一个对你的客户来说最重要？对每个主要部门来说，它们的重要性有何不同？随着时间的推移，这些标准会不会变得更重要或不那么重要了？

一旦你明确了这些客户购买标准以及它们的相对重要性，你就可以开始下一个挑战了，即贵公司和竞争对手需要做什么才能成功满足这些标准。

小贴士

某些客户可能有其他目的。他们将客户调查会议视为一个机会，以此让你降低价格。或者在价格不变的前提下，增加成本，提高服务提供能力。尽管他们主要关心的还是产品质量，但他们也可能把价格视为最重要的标准。

记住，这就是商业和人的本质。这些目的不会影响客户调查的有效性，但是要有判断力。

获得成功的因素

你所在行业的公司需要做什么才能成功？成功的关键因素是什么？

你需要用什么来满足客户购买标准从而让企业运营良好？

这些因素可能是产品（或服务）质量、一致性、可用性、范围和产品研发。在服务方面，因素有分销能力、销售和营销效能、客户服务和售后技术支持。

其他因素与成本有关，如场地位置、规模或业务、先进性、经济有效的设备和作业流程效率。

要明确什么是每个主要业务部门最重要的成功因素，你需要采取以下步骤：

- 明确满足购买标准所需的因素；
- 评估管理和市场份额；
- 评估因素的重要性；
- 找出一切必要因素；

让我们简要地看看这些步骤。

明确满足购买标准所需的因素

在这一步，你需要将上述明确的客户购买标准转换为成功因素。换句话说，你要确定满足客户的需求必须做什么事情。

这些因素可能往往不满足客户购买标准。客户可能重视产品的功能，因此研究与开发将是一个成功因素。客户可能重视产品的可靠性，因此质量管控将是一个成功因素。按时交货可能是客户的购买标准，因此闲置产能和（或）生产效率可能是一个成功因素。这些因素被称为与差异相关的成功因素，你可以用这些因素来区分你和对手的产品或服务。

有一个客户购买标准需要特别注意，那就是价格。大多数服务的客户都希望得到优惠的价格。供应商需要降低成本。价格是客户购买标准，成本竞争力则是成功因素。

企业成本竞争力的决定因素可能包括设施选址、材料成本、运营效率、使用分包商、业务流程外包、间接控制、薪酬水平和 IT 系统。这些都是与成本相关的成功因素。

规模可能很重要。在其他条件相同的情况下，企业规模越大，单位业务的销售成本就越低。这些属于"规模经济"，适用于材料或可变成本的单位成本，其中较大的企业将受益于商定的批量折扣。同时这些也适用于管理费用，如营销。相同费用的杂志广告或贸易展位可以分摊到一个更大的收入基数上。

评估管理和市场份额

我们从上述与差异相关和与成本相关的客户购买标准中推导出了两组因素。还有两个更具体的因素需要考虑：管理和市场份额。

管理在你的行业中有多重要？试想一家管理良好的公司拥有一支优秀的销售和市场营销团队，再加上高效的运营团队，但其产品一般，它是否会比一家管理不善、产品一流的公司做得更好。

我们需要考虑的最后一个重要因素是市场份额，这个因素并不是直接来自于客户购买标准。市场份额越大，供应商就越强大。高市场份额的竞争优势体现在不同方面。其中一方面体现在降低成本上，因为我们已经在规模经济中计算过，所以必须注意不要重复计算。

市场份额是衡量你与客户关系广度和深度以及你的商业声誉的指标。由于获得新客户比与现有客户再次交易更难，因此拥有较大市场份额的供应商通常具有竞争优势，即现有客户资源。

现有客户资源与转换成本成正比。转换成本不仅是转换的财务成本，还有时间、精力甚至情感成本。与更换打印机相比，更换会计更令人痛苦。

评估因素的重要性

你已经列出了事业成功的最重要因素。但它们到底有多重要呢？彼此之间有何关系？观察每个因素并给它打分：它的重要性是高，中等还是低？或者介于两者之间？

你可能像我一样更喜欢使用简单的定量方法。就每个因素的相对重要性而言，你可以给出一个最接近于5％或10％的权重，然后不断调整权重，直到得到一个实际配额。最重要的是，这个配额可以达到100％。

你能够在第二部分中用一个简单的 Excel 图表体现企业的整体竞争力水平评估，这是定量方法的最大优势。你可以将其与段时间内的评估和竞争对手的评估进行比较。

使用定量方法只是为了战略简单明了，然而并不是每个读者都觉得定量方法简便，有些人则认为用文字描述因素评估也同样有效，如高重要性或低重要性。

成功因素：示例

小型工程市场的成功因素	重要性	权重
市场份额	中/高	15％
成本因素	非常高	35％

续表

差异因素：		
产品能力及范围	中/高	15％
产品的可靠性	中/高	15％
工程服务网络	中	10％
客户服务	中	10％
总加权		**100％**

找出一切必要因素

虽然是最后一个问题，但它却至关重要。

在你的企业中是否有一个极其重要的成功因素，如果你不重视它，你可能无法创业？你可能无法参与竞争，更不用说成功了？你可能没有生意做，或者你将无法完成交易？换句话说，这不是一个应有因素，而是一个必要因素。

例如，市场中的企业必须具有正确的国际标准等级才能在竞争激烈的环境中赢得未来的订单吗？你的服务供应商必须有一个特定的学位或资格才能吸引客户吗？

在你的行业中，哪些成功因素是必须具备的？当你在第二部分评估竞争地位时，一定要记住这一点。

小贴士

    不要找太多成功因素，否则你可能会因小失大。包括市场占有率、经营管理、两三个与成本有关的因素，以及五六个与差异有关的因素在内，总数最好在十个左右。

承认初创企业存在竞争因素

大多初创企业的商业计划都是基于一个前提，即他们的计划是一个全新的，具有革命性，因而认为竞争是不存在的或无关紧要的。

在绝大多数情况下，这是一种错误且危险的假设。在最好的情况下，该假设也只是部分正确。

竞争无处不在。无论你的解决方案是否满足客户需求，总有某人在某地有其他解决方案或正在想解决方案。即使他们现在没有解决方案，在看到你的方案后很可能就有了想法。

所以你需要从以下三方面来看待初创公司存在的竞争因素：

● 直接竞争；

● 间接竞争；

●竞争性反应。

直接竞争

如果你的新企业是一家拥有特定现有市场的企业，那么你对行业竞争的分析将与现有企业的分析相同。

你将寻找竞争对手并快速明确竞争对手。同时你将评估竞争激烈程度，也许，在公司进入市场后，竞争力强度也会增强。

这个例子曾在市场需求部分引用过。这是一家专门从事童装设计的初创公司。你的竞争对手包括其他类似精品店，主要售卖成人服装但也卖儿童服装的精品店，童装连锁店，百货公司的童装部门以及所有通过其他途径进入市场的商家，如目录购物或互联网。

你将进入一个竞争激烈的市场，比如说零售领域，希望你能在第二部分中发挥与众不同的竞争优势。

间接竞争

如果你的想法是一个全新的概念该怎么办？谁是你的竞争对手？

他们是在你进入市场之前就能提供解决方案的公司，还是同你竞争顾客资源的公司？

假设你发明了一个巧妙的木制滚轴背部按摩装置，该装置在为你按摩时会自动添加香薰精油。这是一种全新的、独特的装置。

但它同样面临竞争。如果顾客想要缓解背部紧张度或不适，那么只有满足其需求，他们才会花钱。

顾客可以选择其他解决方案，比如选择其他木制滚轴装置，塑料和金属滚轴装置，电动按摩装置以及按摩椅。他们还可以去找按摩师，甚至香薰理疗师。他们可以购买精油，自己按摩。他们还可以服用保健品。

即使这些属于间接竞争，它们也都是竞争对手。尽管木制滚轴背部按摩装置的定价高于普通滚轴设备，低于电动驱动设备，然而决定权还是在顾客手中。

下一部分将会谈及替代解决方案的优缺点。你要明确定位，因为它与替代供应商息息相关，同时你要在这一部分中明确竞争对手并评估竞争力强度。

竞争性反应

如果你成功了，竞争对手会做出怎样的反应？

他们不会无所事事地站在一旁为你加油。

如果你的新概念受到专利保护，那还好说。但是，会不会有头脑灵活的竞争者用其他方法钻法律的空子？其实只需在主题上稍微做文章就够了。

当你的竞争对手对你进入市场做出反应时，你将如何应对还是选择什么都不做？

小贴士

如果你的公司经营良好，那么这会给竞争对手敲响警钟，同时也会吸引顾客。

假设你的童装精品店经营良好。沿路的百货公司会作何反应？也许儿童服装部门将暂停营业，重新装修成孩子喜欢的风格，或者在每周六早上雇佣一个小丑？如果是你，你会怎么做？

假设你的自动添加精油滚轴按摩器成功了，普通设备供应商将会作何反应？如果你未申请专利，他们会模仿你的按摩器吗？如果申请了专利，他们会不会在售卖设备时单独提供精油同时定价比你低 15%？你对此有何回应？

考虑竞争性反应并准备应对措施。

我们希望，通过总结本章要点，你能明确公司目前所处市场及主要部门：

●市场需求相当大并呈增长趋势；

●行业竞争可控；

●需求仍将大于供给。

接下来，我们来看看贵公司如何在市场中定位以及如何持续发展竞争优势。

第二章

创造竞争优势

如果你没有竞争优势,竞争也是徒劳。

——杰克·韦尔奇(Jack Welch)

- ●明确竞争实力
- ●瞄准战略缺口
- ●弥合缺口：商业战略
- ●弥合缺口：企业战略

你通过了解市场情况与发展走向已为战略发展打好基础，目前你要完成的任务是发展业务。

你需要随时明确自己的竞争实力和竞争优势，然后提高标准找出目前业务能力和期待能力之间的战略缺口。

最后你要评估各种减小缺口的方法。整个过程就是你创造具有可持续竞争优势的方案。

我们首先从明确竞争实力入手。

第一节　明确竞争实力

> 当下的商业竞争就是一场遭遇战，对手之间较量的不是公司的大小，而是速度的快慢。
>
> ——鲁伯特·默多克(Rupert Murdoch)

你需要为公司每个核心业务单元确定自己的竞争实力和竞争优势，并随着追踪调整，对你的每一个主要竞争对手也要跟踪了解。上述方法无论对成熟企业还是初创企业都同样适用。

成熟企业的竞争地位

在第一章中，你已经明确了主要业务单元未来几年取得成功的关键因素，接下来需要根据重要性的不同进行等级评估。如果你倾向于用数字来衡量，可以采用百分比权重。

贵公司如何评估关键成功要素？

主要竞争对手如何评估关键成功要素？

贵公司主要业务单元整体竞争实力如何？主要竞争对手的整体实力怎么样？贵公司各业务单元的竞争力与对手有哪些差别？

你需要按照时间顺序去评估每个主要业务单元和竞争对手之间的实力差别。

根据多年来你和公司销售、采购团队从客户和供应商那里得到的反馈信息，你在办公室就可以开展这项工作。或者你可以采用结构化面试这种方法去评估，对指定客户、老客户、潜在客户、供应商、竞争对手和其他行业观察员进行调研。

整个面试环节积极向上，使每位面试官和面试者都从彼此的谈话中有所收获，没有白白浪费时间。

你在这个过程中会衡量出与同行的高低，进一步明确自己和最强对手的竞争优势来源。

竞争力评估分为 0～5 级是最简易可行的有效方式。如果贵公司在某项成功因素上与同行持平得 3 分（比较好，有利因素）；非常强乃至占据主导地位得 5 分（非常强）；表现很差得 1 分（弱）；仅比少数同行强得 2 分（尚可）；比大多数同行强得 4 分（比较强）。

请参照相同的标准评估你的主要竞争对手。哪一家公司在某项成功要素表现最好？这家公司值得给 5 分吗？或者他们只比同行强一点点，给 4 分比较合适？

公司里的每项成功要素都用上述方法进行评估。

把评估结果制成数据表：

●第一列是企业的成功因素；

●第二列是以文字、符号（word 文档）或百分比权重（Excel 表）标记的重要性等级；

●第三列是贵公司的评估得分；

●第四、第五列等是主要竞争公司的得分情况。

你如果已经使用 Excel 表做统计，竞争排名会跌到后面；你如果更倾向用 Word 来统计数据，那么需要参考排名及相关因素后得出最终结果，整体排名不会差太远。

下面是一家公司近期策略分配评估表。这家公司是工程利基市场的领头军，企业竞争力远超另外两个对手，却并没有一丝懈怠。尽管公司所占市场份额最大，网络服务和成本基础好，但竞争对手 A 公司已经开发出受客户喜爱的新功能产品，B 公司虽成本基础竞争力强但产品和服务方面稍有逊色。

企业竞争力排名情况：公司案例

工程利基市场 成功要素	重要性	本公司	A 竞争公司	B 竞争公司
市场份额	中/高	5	3.5	2
成本因素	非常高	4	3.5	4.5
其他因素				
产品功能和范围	中/高	4	4.5	3
产品可靠性	中/高	4	4	2.5
工程服务网络	中	5	3.5	2.5
售后服务	中	3	3	2
最终竞争得分		4＋	3.5＋	3＋

指标含义：1＝较弱，2＝尚可，3＝有利，4＝较强，5＝非常强

总体而言，这家公司竞争力是最高4＋分，A、B两家竞争公司分别为3.5＋和3＋分。要注意总分是根据各个要素的评分和相对权重得出，也许不够科学但优于不加权重。

更科学的方法是把每项成功要素按百分比输入Excel表中得出的结果。这个方法会使用在本章第二节第三部分"瞄准初创企业缺口"提到的案例中，该公司竞争排名为4.2分，主要竞争对手为3.7分。

业务单元间的竞争

你采用相同的方法衡量每个核心业务单元，会发现竞争力

排名各有不同，这可能是由于成功要素分配不均导致。

也许是由于贵公司各个业务单元实力不均，比如在 A 单元一直保持良好的售后服务和维修记录，而 B 单元刚刚入市不久，因此前者得 5 分，后者只有 2 分。

时间引起的竞争

目前为止，你对公司竞争力一直处于静态分析。公司与竞争对手之间的排名评估仅仅拉开了商业战略的序幕。过去几年里，贵公司的竞争地位发生了什么变化？未来几年里又会有哪些新变化？你需要了解公司的竞争实力到底是提高还是降低的动态变化。

最简易的方法是在表格右侧新增一列"时间周期"，如以 3 年为期，之后你可以根据每个成功要素来提高得分。这些新成绩也可能是昙花一现。我们在下一节讨论你如何主动、系统地提高公司竞争地位的商业战略。不过，假如你没有大幅度调整策略，目前有必要观察公司未来几年的自然走向。

不过你需要谨记提高企业竞争力是把双刃剑，竞争对手同样在磨拳擦掌，准备厮杀一番。这就是动态分析竞争力的难点：自己的情况显而易见，那如何知道对手在放什么大招？

你的表中需要增加两列"最大的竞争对手"，威胁可能 3 年后就会出现。你能推测出对手在几年里会采取什么行动来提高公司实力吗？他们可能做些什么？能做些什么？你心里恐慌吗？

回到上文提到的英国工程利基市场这个案例，管理层意识到竞争对手 A 计划外包某些部件，并降低成本成立一家合资公司提高工程服务能力。除非我的客户启动研发战略，否则 A 公司似乎要缩小公司间的竞争差距。如下表所示：

未来竞争地位：以英国工程利基市场为例

工程利基市场成功要素	重要性	该公司	A 竞争公司	A 竞争公司未来发展
市场份额	中/高	5	3.5	4
成本因素	非常高	4	3.5	4
分化因素				
产品功能和范围	中/高	4	4.5	4.5
产品可靠性	中/高	4	4	4
工程服务网络	中	5	3.5	4
售后服务	中	3	3	3.5
最终竞争得分		**4＋**	**3.5＋**	**4＋**

指标含义：1＝较弱，2＝尚可，3＝有利，4＝较强，5＝非常强

闯过第一关

在上面几节，我们介绍了公司成功的必备因素。如果贵公

司没有得到良好的评估便无法展开竞争。

你是否在业务单元中寻找到一项必备要素？你如何进行评估？是"有利"还是"较强"？"尚可"还是"马马虎虎"？"存在问题"、"较弱"还是"非常糟糕"？得了 1 分甚至零分？如果情况如此，你恐怕要即可出局，第一关就被拿下了。

那么几年之后呢？有哪些成功因素可成为必备要素？那时你要如何评估，能通过第一道关吗？

即使今天贵公司某项必备要素处于"尚可"阶段，但难保将来不会下滑成为可有可无的"鸡肋"。

忠言逆耳利于行，良药苦口利于病。希望你能越早发现投资错误的业务单元，越能快速抽身减少损失，把资源用到正确的方向。

未来市场份额的意义

竞争力分析在商业策划中十分必要，可以让你了解未来几年里公司和整个市场的发展情况。

如果你的竞争力有 3 分左右，是良好的状况，在其他条件不变的情况下，未来几年你的业务增长会与市场平均发展水平持平，站稳了市场。

如果你的竞争力有 4 分左右甚至更高，你将超越市场平均发展水平，其他条件不变的情况下你能获得更多的市场份额。假设你在第一章预测市场需求每年增长 10％，凭借估值在 4 分左右的强大竞争力，你应该很有把握保持公司业务额每年增长 12％～15％。

如果你的竞争力只有 2 分左右，你将难以估计业务的预期走向，业务表现很可能低于市场平均水平。如果公司老板想要让业务发展超过市场平均水平，就必须做出改变。

战略发展的影响

竞争力分析为战略发展提供十分有价值的事实和判断：

●如何安排核心业务单元的整体竞争？——你所处的位置有可能是竞争获益最多的单元。

●核心业务单元中可以大力加强的部分。

●核心业务单元中需要改进的部分。

●所有业务单元中，优先加强或者改进强项和弱项中的哪一部分？

●每个核心业务单元的相对竞争力。

●竞争力随时间发生改变。

总之，你需要随时跟踪竞争优势的来源，为下一节提到的确定战略缺口打好基础。

小贴士

太多的分析反而会阻碍决策的形成。竞争力不宜用于分析大量的业务单元、成功因素、竞争对手及过去和未来若干年。简单一点，在核心业务单元、主要成功因素、典型的竞争对手和三年左右的时段中可以采用竞争力分析。通过分析，你要寻找那些真正有必要、有启发性的主要发现和经验教训，有助于你深入了解公司情况。

锻炼还是聚会？

我不喜欢去健身房。既然公园里可以呼吸新鲜空气，一边跑步、举重和做拉伸，我为什么要去健身房那个封闭的空间里运动呢？

如果我能年轻20岁，肯定是英国健身品牌店"健身盒子"（Gymbox）的铁粉。Gymbox倡导让健身充满乐趣，把健身变成了开派对。

21世纪的英国出现了两种截然不同的健康与健身趋势。一类是人们久坐不动导致体重不同程度升高。肥胖水平从20世纪60年代的每65人有1人肥胖上升到目前每4人有1人肥胖，攀升速度之快令人吃惊。另一类则是健身达人痴迷于让自己变得更健康、更结实、更有"线条感"。

2008年以来，英国的健身俱乐部或健身房会员人数平均每年增长3.5%，现已突破900万。英国每7个人中就有1人是健身房的会员，这个普及率虽然低于德国和斯堪的纳维亚，但是高于整体平均值。

过度的需求增长掩盖了这个行业内部真正的革命。以Pure Gym和The Gym Group为首的低成本健身公司，以及easyGym和Sports Direct Fitness为代表的超低成本健身公司加入健身行业的角逐，在增加健身会员和常客数量的同时也挤垮了另外一些公司。Pure Gym成为会员最多的健身工作室。像Virgin Active和David Lloyd这样的高端健身连锁店已经建立起商业联盟，处于中端的健身公司还在苦苦挣扎，例如LA Fitness不得不退出竞争。低端健身公司则迅速瓜分了败北的中端健身公司退出后的剩余市场份额。这些健身房里没有泳池、没有桑拿房、没有咖啡馆、没有毛巾，也没有合同。优点是24小时全天开放。

健身市场已经朝着航空公司的方向发展或者与酒店行业更为相似。后者吸引了一批低成本公司，基于利基市场差异化的竞争优势如雨后春笋般涌现。

你想在有私教和 DJ 的环境下健身吗？

这就是 Gymbox 精品健身公司。这是一家充满朝气和动力的健身俱乐部，没有人装样子"打酱油"，每个人都展现出健康的小麦色，洋溢着自信。Gymbox 也推出了包括拳击台、格斗笼和空中篮圈等让人兴奋的新产品，这是因为我们想要我们的健身房看起来像健身行业的终极黑暗料理——马麦酱。

Gymbox 选择了一条与低成本入行公司相反的发展路线，高度差异化但绝不廉价。这一策略很有效果，到2016 年，该公司营业额达到 1600 万，息税折旧摊销前利润（EBITDA）为 34％，并进一步筹集了 4000 万英镑用于扩大业务。

无独有偶，其他健身公司也进行差异化发展路线并且成绩斐然。Frame 专门针对女性健身爱好者，开设了"感觉良好、充满活力、更有乐趣的课程"，并鼓励这些女顾客流连于自家咖啡馆和商店。Fierce Grace 则通过各种瑜伽热帮助健身者达到"身体和心灵上力量和灵活的终极平衡"。在健身行业外围，来自纽约的 Brooklyn Zoo 则提供多级结构跳和高达 20 英尺的攀岩项目，增加了巨大的舞池和蹦床，还提供了复杂的跑酷运动场地。

这是健身房和极限运动的融合，在极限中寻求差异化。

初创企业的竞争力水平

本节内容对初创企业（又称创业公司）来说差别不大。无论为现有市场提供服务还是开辟一个新商机，你都需要评估你在可能参与竞争的主要领域的竞争力水平，并制定战略，然后随着时间推移提高竞争力。

有三个主要的不同之处：

● 你的竞争力水平应着眼于将来而非现在；

● 你的竞争力水平从开始就会受到对所有成功因素进行低评价的不利影响，这些成功因素与经验有关；

● 在入行前几年，你的公司必须有一些明显的竞争优势才能存活下来。

你对新企业的竞争力水平判断更应当着眼于其未来发展而不是目前状况。对已发展业务的竞争力水平判断则要结合过去、现在和未来三者的发展状况。判断需围绕发展成功因素权重、你的竞争力水平评估以及来自客户、供应商及其他被采访者的合理证据展开。这些证据同判断一样需要基于事实和表现记录。

但是，对一个初创企业来说，这样的争论只是部分猜测，特别是你的公司创立开辟了一个全新市场。你没有业绩记录，甚至没有市场信息。但是对于后者而言，你必须从任何有可能的来源中寻找证据，参见第一部分。

你几乎没办法通过那些由经验得出的成功因素对你的新企业进行评估，除非你找到了一个经验丰富的盟友。因此，你对市场份额的评估一开始就会很低，那些与成本有关的因素尤其是与规模有关的因素等级评估也会很低。

同样，你对某些分化因素的评估也可能很低。缺乏有关产品质量、交货、客户服务、销售及市场营销方面的记录可能对你产生不良影响。

这样一来，你的公司该如何竞争呢？其实，新企业要在已有市场上崭露头角并非易事。开始，你的竞争力水平相对于这个行业的领头企业会很低。但如果你面对的是一个不断增长的市场，或者你提供的服务足够新颖特殊，你的状况就会有所改善。在3～5年的时间里，你占有的市场份额就会提高，单位成本降低，服务绩效提高。

但是这一分析进一步强调了业务单元化的重要性。如果你的新公司没有服务于现有的市场，而是创造了自己的市场，那么一切就会不同。竞争分析不着眼于整个市场，而是只针对你的产品和业务领域。如果这是一个由你的新企业创造的新市场，你就没有直接竞争对手。

但有两点需要注意：

●正如在第一节中讨论的那样，你的企业将面临间接竞争。如果你成功了，那么其他类似领域的从业者将会提高他们的业务水平；

●如果你的新市场值得投资，你迟早会面临来自新入行企业的竞争。

要在创业初期的艰难岁月中存活下来，你必须创造独特的竞争优势。你可采用多种形式，常见形式包括：

●新产品（或新服务）；

●低成本的同类产品；

●类似产品但要有自己的特色，无论是产品质量（特色、功能、可靠性）、分销（线上销售而非实体）、配送、服务（售前帮助和售后维护）还是营销（能引起共鸣的主题）；

●同类产品，但为新市场量身定制；

●同类产品，但销售到新的区域。

不论你认为竞争优势的来源是什么，它都必须有足够分量，至少能使你的新业务在创业的最初几年站得住脚。

如果你的新企业市场份额评估不到 1（更不要说 5），比如在早起发展阶段成本因素 1.5，产品质量 2，服务 2，配送 2，那么根据成功因素的权重，你的初创企业竞争力水平评估要低于 2。

这样是站不住脚的，你的初创企业没有明显的竞争优势，注定会失败。

不过，如果你的初创企业在一些成功因素上的评级可以达到 4 或 5，在这些特殊领域有你的竞争优势，你的初始竞争力水平评估就会上升到 2.5 或 3。考虑到初创企业前期发展在市场份额、基于规模的成本因素和管理方面的评估难免较低，初期竞争力水平评估在 2.5～3 还是不错的。起码站得住脚，然后可以发展到有利的竞争地位。

再重复一遍，成功创业的关键在于竞争优势。

想要进一步了解初创企业的竞争优势，你可以去读约翰·马林斯(John Mullins)的《新商业道路测试》。这是你在为创业尤其是在全新领域创业制定战略之前，关于应该做的准备工作和研究的基本读物。

案例：夫人与侦探

我总喜欢读一些小公司成功的故事。说到这个，我要说的不是那些创办了苹果(Apple)或者维珍(Virgin)这样公司的超凡企业家，而是那些在梦想指引下历经商海沉浮，为家庭挣得一份体面舒适生活的企业家。

大多数的企业都是小企业，听到其中一个企业的破产都令人心碎。每个企业的创始人都表现出无与伦比的精神、主观能动性和去开创一份属于自己的事业的勇气，鲜有人能从中获益。

但很多小企业的失败都源于缺少可持续的竞争优势。实际上这是一个"人人都会遇到"的生意，只是用时间来考验生存下去的可能。

以下是我最喜欢的例子，一个拥有可持续竞争优势的企业，虽是虚构的，但不乏指导意义。

第一女子侦探社会(*The No. 1 Ladies Detective Agency*)是亚历山大·麦考尔·史密斯(Alexander Mma Smith)笔下极为温暖、睿智诙谐的女主人公兰马翠(Mma Precious Ramotswe)在非洲的博茨瓦纳首都哈博罗内的市中心创办的。她通过成为本地第一个也是唯一一个女侦探来拓展业务，这就是她最初的竞争优势，也是一个可持续竞争优势。因为即使再有直接竞争对手出现，兰马翠也永远是第一个女侦探，她的侦探社也永远是第一女子侦探社。

你的企业竞争优势是什么呢？可持续吗？

第二节 瞄准战略缺口

> 我们了解当下的自己却无从知晓未来的自己。
>
> ——威廉·莎士比亚（William Shakespeare）

你已经估算出贵公司目前的竞争力水平。你希望在 3～5 年内达到什么水平？你对竞争地位的定位是什么？

无论是现在还是将来，你都需要明确你的现状和理想型企业间的战略缺口。然后，你应着眼于缩小甚至弥合这一缺口。

有两种不同类型的缺口：

- 投资组合缺口——你应该在哪些业务单元竞争；
- 能力缺口——你在每个业务单元的竞争力如何。

投资组合缺口和能力缺口共同构成战略缺口。你需要明确并瞄准这一缺口。在本节中，你将了解弥合这一缺口的战略选择。

瞄准投资组合缺口

你的企业应该在哪些领域竞争？在哪些业务单元竞争？你如何提高贵公司的战略地位？

你理想的业务单元投资组合应是什么样？和目前的投资组合相比有什么差距？

行业吸引力/竞争力矩阵这一重要的商业工具能够揭示一切。就市场吸引力而言，它能体现贵公司在各个业务单元的竞争力如何。在理想情况下，你应当对最具优势或最具吸引力的业务单元进行投资，并考虑退出那些处于劣势或竞争地位不堪一击的业务单元。

此外，你或许应该在更有吸引力的市场中寻找一个或多个可进入的业务单元，而不是你现在所处的业务单元。如果这样的话，你是否有理由相信至少你在新的业务单元占有一席之地？你是否很快能在此安身立命？

首先，你需要明确该如何定义"有吸引力"的市场业务单元。在某种程度上，这种定义基于行业特征且每个战略师的要素清单都不尽相同。多年以来，我发现在大多数行业存在五大相关因素且这些因素相对可量化：

● 市场规模；

● 市场需求增长；

● 竞争力强度；

● 行业盈利性；

● 市场风险——周期性、波动性（例如国家风险的影响）。

在其他条件相同的情况下，市场越大，增长越快就越具吸引力。同样，行业盈利性越高的市场，吸引力也越强。但要注意另外两个因素则与市场吸引力呈负相关。市场竞争力强度越高，风险越高，市场吸引力则越低。

举个例子可能会对你有所帮助（见下表）。假设贵公司拥有4 个业务单元，现在你正打算拓展第 5 个。你根据市场吸引力的每个标准对业务单元逐一进行评估。你可以从该案例中取一个简单的平均值，除此之外可以通过对它加权以达到衡量整体吸引力的目的。业务单元 D 最具吸引力，其次是新拓展的业务单元 E，业务单元 B 的吸引力最低。

案例：市场吸引力

业务单元	A	B	C	D	E（新）
市场规模	3	2	2	3	3

续表

业务单元	A	B	C	D	E（新）
市场增长	1	2	3	5	5
竞争力强度	2	2	3	4	5
行业盈利性	3	3	4	2	2
市场风险	5	2	4	4	2
整体吸引力	2.8	2.2	3.2	3.6	3.4

评级关键标准：1＝无吸引力，3＝相当有吸引力，5＝极具吸引力（就竞争力强度而言，竞争越激烈，市场吸引力越低。同样，就市场风险而言，市场风险越高，吸引力越低。）

接下来你可以插入之前在上一节中你对每个业务单元竞争地位的评估数据（比如，"案例：竞争地位"中的数据）。现在你可以通过将每个业务单元放在矩阵的适当位置以绘制行业吸引力/竞争力矩阵。以业务单元 A 为例，其竞争地位评估为 4（满分为 5），市场吸引力评估为 2.8（满分为 5）。

该业务单元在图表中所处位置将反映其竞争力（X 轴方向）以及市场吸引力（Y 轴方向）。每个圆圈的大小应大致与该业务单元对营业利润的贡献成正比。

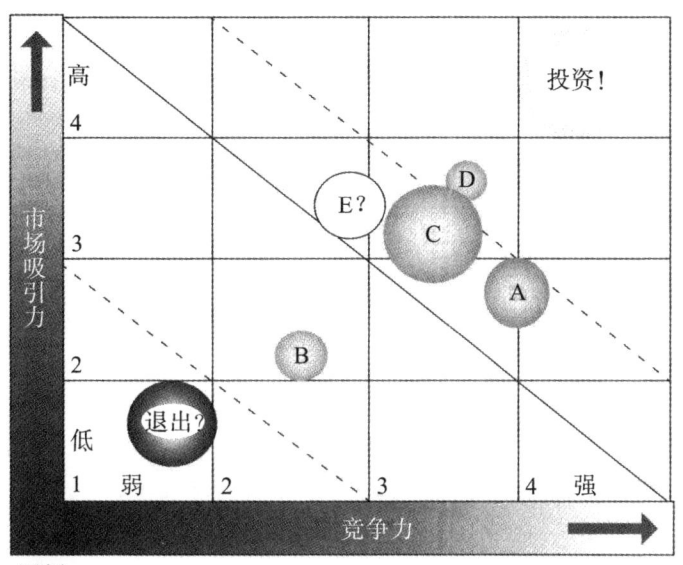

图例

现有业务 新业务
单元 单元

注意：圆圈直径与盈利成正比（业务单元 E 除外）
来源：麦肯锡公司 GE 矩阵（通用电气公司法）及其他。

案例：战备位置

你的业务单元所处位置越接近右上角区域，那么在市场中所处的位置越好。如果业务单元处于右上角虚斜线上方区域，你则应基于自身优势对该业务单元进行进一步投资。然而，如果业务单元处于左下角虚斜线下方区域，你则应考虑撤资或退出该业务单元。处于主对角线附近的业务单元则应当保持原有投资并仔细审查投资案例。

该案例所显示的整体战略位置(存在合理性)似乎合理。业务单元 C 营业利润的贡献最大,有一定吸引力具有优势,与吸引力稍弱的业务单元 A 相比则处于优越的位置。虽然业务单元 D 目前营业利润水平低,但潜力巨大需要更多关注。

或许应退出业务单元 B,这一业务单元毫无吸引力且公司在该业务单元竞争力最低。新业务单元 E 则具有发展潜力。

你也许可以考虑以下值得深入分析的战略选择:

● 保持并稳步发展业务单元 A 和业务单元 C;

● 对业务单元 D 进行投资;

● 涉足业务单元 E(随着该业务单元市场份额增长,其竞争力也会随之逐渐提高);

● 从业务单元 B 撤资或退出业务单元 B。

贵公司的整体战略位置如何?希望你收益最多的主要业务单元能够处于主对角线之上的区域。

你有关于某些新业务单元的想法吗?它们市场吸引力如何?你将在该业务单元市场中处于怎样的位置?

你是否应该考虑退出某些业务单元?要慎重看待这个问题。从一个业务单元退出会对其他业务单元的位置产生负面影响吗?还是坚持做亏本产品更好呢?

哪些业务单元是你通过提高自身竞争力就可获得最大利益的重要业务单元？你应在哪些地方集中精力？

小贴士

该投资组合规划工具主要因其主观性而受到批评。一些人认为在整个评估过程中做出的个人判断如此之多，因而根据评估结果制定战略充满风险。

然而，尽管有既定事实支持，但战略本身就是判断。结合前期分析数据构建矩阵的过程对战略发展具有重要的启发和指导意义。它促使你思考什么是你事业成功的驱动因素，你的事业该如何应对那些驱动因素以及未来你需要哪些驱动因素让你的公司发展得更好。这不仅仅是一种投资组合规划工具，而且还是明确战略缺口的第一步。

任何战略工具在运用过程中都无法避免个人判断。战略工具也不应被期待可以完全取代人的判断。

瞄准能力缺口

你已经瞄准投资组合缺口，接下来是瞄准能力缺口。

瞄准能力缺口可分为四大步骤：

●预想前景；

●描述理想型企业；

●拓展视野；

●能力缺口具体化。

我们先来预测未来的发展前景。

1. 预想前景

设想你未来涉足的市场。竞争会更激烈吗？客户会有不同的期望吗？竞争企业需要发展不同的能力吗？

试着跳出思维定势，刺激右脑，发挥想象力进行头脑风暴。

想象一些在你所角逐的市场里可能发生的场景。敢于为那些已经预想到且更具可能性的成果冒险。想想之前那些期望较低但其实很有可能实现的目标。远离遥不可及的幻想，寻找可以实现的目标。

在这些情况下，客户的需求和购买标准会改变吗？哪些成功因素会比较突出，哪些则没那么重要？

2. 理想型企业形象

我们可以将贵公司所处市场的理想型企业定义为各个成功因素都达到尽可能高评级的公司，这些成功因素不仅包括

当前成功因素，还包括你认为未来将会变得更重要的成功
因素。

你离成为理想型企业还有多远？

3. 拓展视野

你公司现在的能力水平与你期望的能力水平之间有何缺
口？你需要重新考虑你的目标吗？你是否已经确定设定极具挑
战性的目标？

你应该拓展视野吗？

你在未来的市场中想占有什么位置？你想成为未来市场中
的理想型企业吗？一个实力雄厚的理想型企业？

或者你想引领未来的市场吗？

你想尽你所能成为未来的理想型企业吗？你想努力追求目
标吗？请见下图。

如果是这样的话，请记住，在你准备射击的时候，目标也
许已经发生变化了。随着时间推移，5 年后的理想型企业也许
与当下的理想型企业所具有的能力不同。也许只有细微的差
别，但也可能大相径庭。

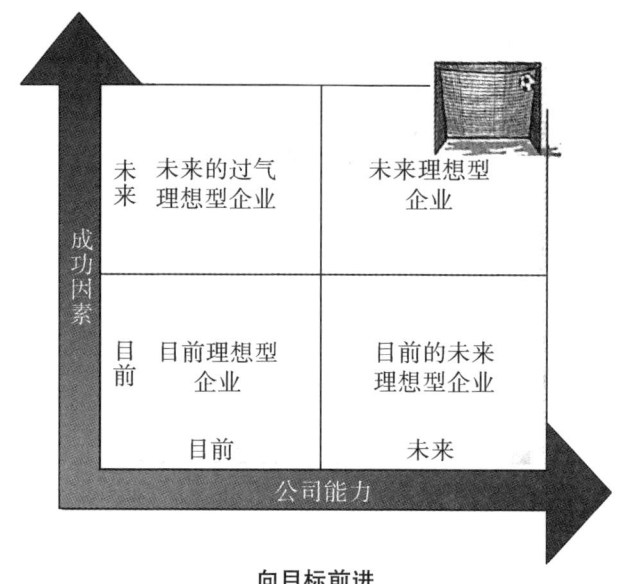

向目标前进

上图强调了三大重点：

●成为目前的理想型企业很好，但可能时过境迁；

●如果你的公司并未开发满足未来客户需求的额外功能，那么你就会成为未来的过气理想型企业；

●除非是客户需要或你想成为未来理想型企业，否则现在开发额外功能只是徒劳。

一旦你拓展开视野，打算以顶级企业为发展目标，你就需要明确能力缺口。我们在下一节中讨论你应该如何弥补缺口。

4. 能力缺口具体化

你需要重新审视之前绘制的竞争力图表。根据你之前所进行的前景发展，寻找因外部市场变化而导致的各种成功因素权重的变化。

现在你可以明确能力缺口。不管你在三年内曾给你的公司打了多少分，你都不可能在每个成功因素上得到 5 分。任何低于 5 分的成功因素都体现着与理想型企业之间的差距。

我们有理由相信每个成功因素在未来几年内都能达到 5 分吗？这其实不大可能，还是给自己制定一个具有突破性和挑战性但切实可行的目标。你应当提高哪种成功因素？提高到多少分？

现在瞄准缺口。通常这就意味着增加一个动词，比如"提高"。你在分销环节发现了一个能力缺口，瞄准这一缺口就意味着提高分销水平。

有时候，瞄准缺口需要进一步思考。能力缺口可能过大，你可能会考虑退出该业务单元。

让我们回到上文所提到的案例，该企业经营四大业务单元，并且考虑要开拓一个新的业务单元。在对理想型企业进行

描述以及拓展视野之后，首席执行官现在可以瞄准如下能力
缺口：

● 提高业务单元 A 的利润率；

● 意识到业务单元 B 存在一个不可弥合的能力缺口并退
出该业务单元；

● 提高业务单元 C 的分销水平；

● 提升业务单元 D 产品进入市场的速度；

● 进入业务单元 E 领域；

● 降低所有业务单元的生产成本；

● 在整个业务范围内改进企业资源管理（ERM）系统。

瞄准能力缺口所产生的影响，如下图所示。除了将要退出
的业务单元 B 外，企业应提高每个业务单元尤其是业务单元 E
的竞争力。这样，该项业务的整体战略地位将会大大提高。

请注意，本节并未详细说明瞄准能力缺口具体方法，详细
内容请见下一节战略选择部分。

提高分销水平就是瞄准能力缺口的一个例子。换一个新的
经销商则是一种战略选择。

降低所有业务单元的生产成本就是瞄准能力缺口。外包或
离岸则是一种战略选择。

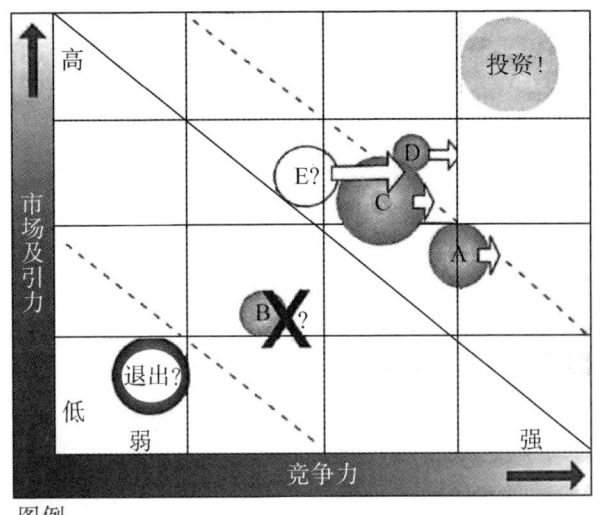

图例

现有业务单元　　新业务单元　　绩效改进方案的影响

注意：圆圈直径与盈利呈正比（业务单元E除外）

案例：重新定位战略

重生！

你继承了一个位于巴塞罗那市中心但早已废弃的啤酒厂。该厂在19世纪拥有品牌名，但该品牌如今已鲜为人知，在20世纪70年代末该厂进行清算并停产。这是一个年长人所怀念的但却不为年轻人所熟知的品牌。你能做什么？你应该从哪里着手来弥合这一鸿沟？

你恢复了莫里茨（Moritz）一家的往日荣光。你把这个品牌打造成了一个充满活力、对社交媒体友好的超加泰罗尼亚风格品牌(ultra-Catalan)(更不要说这个品牌如今在相邻的阿拉贡省(Aragon)获得了酿造许可!)。你将这个老啤酒厂变成了巴塞罗那的热门场所——Fabrica Moritz(由知名建筑师让·努维尔设计的酒吧)。该啤酒吧以拱形天花板和最时尚的照明设计为框架,以闪亮的啤酒桶和地中海麦穗为装饰,经过装修,该啤酒吧可以说既是啤酒博物馆、微型啤酒厂、"概念商店"、文化活动场所又是提供美味小吃的餐厅。在这里,游客不仅可以吃到价格实惠的小吃,还可畅饮莫里茨啤酒。

尽管你的收入增长到 5000 万欧元左右,但考虑到改造啤酒厂所花费的 3000 万欧元,所以你的损益表上仍显示赤字。但你要做长远打算。你可以设想进一步占据喜力(Heineken)、猫牌生力(Mahou-San Miguel)和达姆(Damm)三大西班牙啤酒制造商的市场份额,尤其是在加泰罗尼亚边界地区的市场并到 2020 年实现真正的盈利,从而进入该品牌的第三个时代……

祝贺你,干杯!

瞄准初创企业缺口

我们认为在起步阶段拥有明显的竞争优势是初创企业成功的秘诀。

但是如何保持这种优势呢?

如果你的新经营项目取得成功,你就会被同行针对。竞争对手将眼红你在新领域所取得的成功并迫不及待地要分一杯羹。

记住我们对战略的定义:战略就是公司如何利用其稀缺资源在竞争中获得可持续优势。对初创企业来说最重要的就是可持续性。

你如何保护自己免受必然的竞争性反应?你可以尝试多种方法并保持你的竞争优势:

● 对重点产品提供专利保护;

● 持续创新,在产品开发上先人一步;

● 不断改进过程,在成本竞争力和效率上先人一步;

● 对品牌进行投资,让客户看到你的品牌名就能自然而然地想到其特色优势;

● 对客户关系进行投资以促成企业之间的经营项目。

初创企业和上述成熟企业为应对竞争反应而制定战略的过程相同。

在描绘理想型企业时，你设想的场景应包含竞争对手对你的出现所做出的激烈竞争反应，而这些竞争对手则是你最畏惧的直接或间接竞争对手。

在明确目标缺口之后，你必须努力追求目标，即成为你所选择利基市场的理想型企业。

你必须明确你在起步阶段与 3～5 年内成为理想型企业之间的能力缺口。

这就是你应当瞄准的缺口，必须要这么做。绝大多数新企业都会在头 5 年内倒闭。你要么打败别人要么被别人打败。你必须去争取，去努力追求目标。

在下一节我们会探讨你的初创企业该如何弥补缺口并保持竞争优势。

小贴士

　　战略缺口分析也有批评者。他们认为能力不像资源那样容易开发，而且提高价值比弥补弱点更能增强优势。这些也都是十分合理的观点，但还是要根据你的常识来判断是否需要进行缺口分析。

从生产葡萄酒到冰激凌

2007 年 5 月，在纽约市中心有一支队伍沿着百老汇大街排了 100 多码（1 码＝0.19144 米）长。这些人挤在这里不是为了观看最新上映的大片，而是为了品尝冰激凌。

做传统意式冰激凌的想法早在 5 年前就在都灵（Turin）出现了。年轻的酿酒师奎多·马里内蒂（Guido Marinetti）在阅读国际慢食运动（International Slow Food Movement）创始人卡林·佩特里尼（Carlin Petrini）的一篇文章时产生了想法。在文中，这位创始人哀叹传统的意式冰激凌在意大利已不复存在。他指的是一种高品质的冰激凌，即由新鲜水果和有机牛奶、鸡蛋混合而成，不含任何人工香料、增稠剂或色素。奎多对他的朋友费德里科·格罗姆（Federico Grom）说："让我们来做这种传统意式冰激凌吧！"，然后他们就开始了。

2003 年 5 月，他们在都灵市中心开了第一家格罗姆（Grom）冰激凌店。尽管价格昂贵，但顾客每天都会在店外排起长队，这种受欢迎的程度激励他们在帕多瓦（Pad-ua）、佛罗伦萨（Florence）和帕尔马（Parma）开设了新店。但现在他们发现了自身能力缺口。

他们售卖尽可能优质的产品，其标准与奎多卖的自家巴罗洛葡萄酒（Barolo）的品质标准相同。但是随着业务急速增长，很难购买到保证完全无化肥、农药和防腐剂的有机水果。

所以奎多和格罗姆打算弥补这一缺口。他们买了一个名叫皮埃蒙特（Piedmont）的葡萄园，砍掉葡萄藤，然后种上果树和灌木，并且很快意识到该如何为自己提供最好的应季有机水果。他们将这些有机水果送到都灵的实验室打碎混合，冷冻后再送到各个零售商店，这些零售商店则每天解冻、搅拌新鲜原料以制作冰激凌。

这一模式帮助格罗姆（Grom）冰激凌店在意大利北部扩张，甚至在出口超市也卖得很好。在纽约、巴黎和其他地方都开设了分店。

但现在进一步的发展前景意味着该公司要以大企业的模式进行管理。两个合伙人在2015年将公司卖给了联合利华（Unilever），但他们还是选择留在该公司以保持品牌的高标准以及指导其扩张国际业务。

让我们全世界都为格罗姆（Grom）冰激凌呐喊加油吧！

第三节　弥合缺口：商业战略

> 不要畏惧迈出一大步，你无法凭两小步完成跨越峡谷的任务。
>
> ——大卫·劳埃德·乔治(David Lloyd George)

你确定战略缺口后的工作就是去弥合缺口。

我们从商业战略入手，分五部分进行分析：

● 选择通用战略；
● 重新定位战略并形成利润增长方案；
● 整合战略备选方案；
● 制定战略型投资决策；
● 弥合创业公司缺口。

下面从通用战略谈起。

选择一个通用战略

自 20 世纪 80 年代初起，我们采用三种业务通用战略，它们同时也是你战略发展的起点。参见下图：

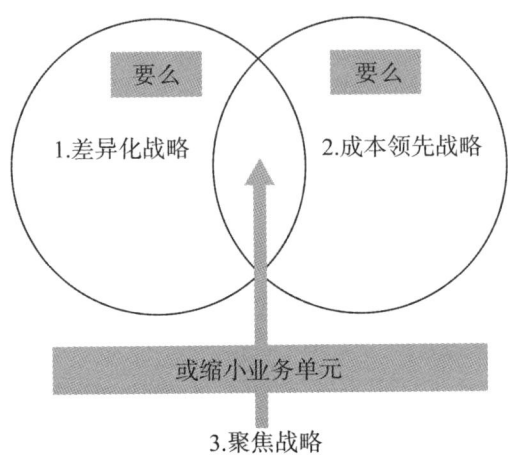

三种通用战略可获取竞争优势

这些战略是：

● 成本领先

● 差异化

● 聚焦

任何一种战略都能使业务形成可持续性的竞争优势。但你采取三种战略完成一项业务就会陷入进退两难的境地，这是业绩长期不佳的原因之一。

贵公司业务主要竞争优势是什么？是成本？还是你特殊的产品和服务？

我们回顾在本章第一节中你对贵公司业务成功要素的评估。公司在成本和差异化两项因素得分如何？分数更高一些吗？

我们往前回顾，在第一章里你在每个核心业务单元里都曾确认并权衡成功因素，是给差异化因素更高的权重吗？还是成本因素更高？

成本领先在价格非敏感群体中几乎无法获利。同样，在消费者只关心最低价格而非产品差异性的业务单元中也无需展开高度差异化的企业运营。

如果成本因素对业务发展最重要且评估分数很高，或者凭借低价可以令业务有起色，那么你应该首选成本领先战略。

如果差异化因素对业务发展更重要且评估分数很高，或者凭借产品多元化可以令业务有起色，那么你应该首选差异化战略。

每种战略都能产生持续性竞争优势。你可以提供比竞争对手成本更低的产品及服务或提供更多的差异化产品去吸引消费者。高出对手的价格完全可以抵付生产差异化产品的消耗。

西南航空公司（Southwest Airlines）是采取低成本战略取

胜的例子。这家公司通过最大化的载客率来降低成本，使机票价格非常低廉，但与成本相比仍有利润空间。宜家也是通过价格优势推出受青年人喜爱的简洁时尚型家具。

采用差异化战略制胜的突出代表是苹果公司。从 PC 机、笔记本、手机到平板电脑价格都不低，但每项产品个性十足，功能丰富。

接下来谈谈聚焦战略。一家公司可以通过成本战略或差异化战略在业内取得成功；还可以通过缩小范围专注小众市场而不是大市场来谋求发展。

小众市场由于受关注程度低因而参与者较少，企业可以通过差异化战略逐步占据市场主导地位，之后通过低成本策略扩大规模。借助规模化和以经验为导向的低单位成本来逐渐攫取市场的统治地位。

采用聚焦战略成功的商业典范是本田摩托（Honda）。该公司凭借数十年对产品安全性的密切追踪，把差异化、高质量的产品推广到全球，一直具有很强的市场竞争力。

我们再来看看哈雷·戴维森（Harley Davidson）的转型战略。20 世纪 70 年代哈雷·戴维森处于被本田、川崎（Kawasaki）等公司挤垮的边缘，险些倒闭，哈雷·戴维森这个名字常被拿来取笑。之后哈雷·戴维森转向重量级产品，生产车身结实、突突轰鸣的巡洋舰摩托车，把市场份额从不足 20％提高到 50％以上，创造出一骑绝尘的车手形象，圈粉无数。

需要注意，没有哪个战略能够百战百胜，每个战略都会受到客户需求和偏好变化的影响。

你如果追求低成本战略就需要注重产品质量，客户更愿意花高价买到好东西。电影产业就是这个路数。多年来，许多商家采取把更多顾客赶进"跳蚤窝"的方法来降低成本。结果大家选择了舒适的客厅和方便的录像机，成群结队地离开电影院。现在的影院提供靠背可调的沙发座和酒水服务，顾客还乐意买单——这与"跳蚤窝"的运营理念恰恰相反。

你如果追求差异化战略就需要关注客户偏好的变化，他们随时有可能转向新产品和新服务。新产品质量逊色，但比你的产品价格便宜就会拉走一批老客户。廉价航空就是一个典型。廉价航空源于美国，很快在英国、欧洲和亚洲市场铺开，迫使提供全方位服务的各个国家航空公司从根本上重新考虑自己的运营模式。

精明的商家追踪到市场商机后，最好开发新品牌和新业务，以免客户与母公司混淆。他们在不同的业务单元中采用不同的战略。

但因为带入一种完全不同的运营模式，战略差异并不能保证新业务可以成功。戴姆勒-奔驰-克莱斯勒步宝马-路虎后尘把高档车市场转向平民化就是个失败的例子。

更不可取的做法是在一项业务中混用多种战略，即使是这些战略被用在不同的业务单元中。每个业务单元即便产品及服务与客户群相同或相似，但是单元之间相互联系又可能归属不同一个部门，部门之间的战略差异不仅会令客户感到困惑，还会使你进退两难。

小贴士

选择一种通用战略如低成本或差异化战略，吸收其他公司的教训，不要重蹈覆辙，也不要兼用多种战略，否则骑虎难下，左右为难。

案例：网络公司

现在出色的网络公司数量不菲，比如我们的读者们一定参加过当地 BNI 商会举办的早餐会。

来自澳大利亚的艾玛·拉萨克斯（Emma Isaacs）遇到了一个实施差异化战略的机会。她从 18 岁开始经营网上猎聘业务，7 年后受邀参加由"女性商界精英"网站组织的一个会议。想不到主办方要出售这家网络公司，艾玛立即买下后转手改造成面向全国的支持女性创业网站"商界木兰"，提供会员见面会、各种洽谈会和在线互助服务，成员从 250 名上升到 44000 名，还有 25000 名在线支持者。

　　网站会员每人年费 199 澳元，总收入超过了 600 万澳元。但是艾玛很快确定了新目标，2015 年她和家人把"商界木兰"（Business Chicks）搬到美国加州开启了新征程。

　　网络公司的准入门槛低。澳大利亚的企业家让·乔治（Gen George）和简·鲁（Jane Lu）发现一个利基小众市场有潜力，遂开办了一家名媛品酒网，面向商界女大佬、女高管分享品酒经验和挑选适合的酒款，举办壕趴庆功、庆生或疗伤酒会。他们一发不可收拾，2015 年 7 月是 20 澳元的入门费，到如今有 27000 名的注册会员！

　　下一个商机是什么？是小众市场的小小众市场吗？薄酒微醺千百味，伊人相约伴谁愁？

重新定位战略并形成利润增长方案

你已经选择了通用战略。下一步是什么？

你需要制定一系列与战略相一致的利润增长方案，来弥补前文提到的战略缺口。

你在瞄准投资缺口时，把吸引力/优势矩阵应用到业务中后发现，你应该在某些业务单元投资、占有市场并从一二个市场中抽身或转入到另外的新市场中。

你已经锁定提高公司选定业务单元的目标竞争力水平所需要弥合的能力缺口。

现在，首先你需要决定如何改进核心业务的利润增长方案来弥补能力缺口，保留部分市场份额，必要时全身而退；其次，你需要从宏观角度考虑整个业务结构的战略调整从而促进利润增长；最后，你需要区分增加长短期利润（未来 12 个月）的不同行动方案，改善战略结构，提高长期利润率。

在制定了一系列的利润增长方案后，你需要进行评估来决定哪些投资方案能够实现公司目标和最大预期回报。

你从一个业务单元做起，把准备投资、持有、退出和新进入的业务单元都做好标记，最后查看适用于所有业务单元的利润增长方案。

请时刻牢记总目标。战略的含义是企业利用稀缺资源在竞争中获取可持续优势。你需要作出决定，给哪些业务单元分配资源来保持可持续性竞争优势。

> 你打算给哪些业务单元分配资源
> 来保持可持续性竞争优势？

投资业务单元

请你以为公司日常管理费作出最大贡献的业务单元为例。

你已经明确了某个业务单元的能力缺口，那么有哪些方法可以弥补？

●缺口在于新产品上市的速度。你需要聘请专家了解情况，通过简化上市流程来进行弥补。

●缺口在于产品的可靠性。投资购买用于生产和测试的新设备。

●缺口在于客户服务。你需要搭建沟通的桥梁，改变管理方式，对员工进行业务和服务意识培训才能弥补成功。

弥补能力缺口通常是一个漫长过程，采用一些利润增长方案会更快见效。

你可以关注短期利润增长方案。没有什么比战略调整后连续几次商战大捷更能让老总们信心满满地投入更多时间和精力去提升团队士气。

你还可以选择战略发展中的其他营销方向如商品、促销、地点、价格等，快速扭转生意。

另一个策略是降价。你可能认为降价只会减少利润而非增加利润，事实并非如此。

●销售量增加。这取决于产品需求的敏感度（"价格弹性"）来保持或增长收入。

●占有市场份额。贵公司在市场存在感增强，可能会刺激销售量进一步增长。

●经济规模扩大。这能降低产品单位成本并恢复营业利率（甚至毛利率，如果你的业务量扩大可降低购买原材料和配件的单位成本）。

下面的短期和长期利润增长方案可以弥补拟投资业务单元的能力缺口。如下表所示：

重新战略定位和绩效改进模式

按业务单元 重新定位战略方案	绩效改进方案	
	短期	长期
投资	·市场 ·低价获得市场份额?	弥补能力缺口,投资在: ·固定和流动资产 ·业务流程 ·员工和培训
持有	·降低可变成本 ·调整价格?	·降低可变成本 ·重新竞争? ·建立联盟?
新业务	·准备项目计划	·发挥优势
退出	·改善财务状况	·撤资(售出?)
整体业务	·基准管理费用 ·市场营销	·降低管理费用 ·业务流程重组和外包等 ·资源型投资

接下来,你需要考虑选择哪些利润增长方案,既不投资也不撤资可行吗?

持有业务

在一项业务单元中站稳脚不意味着停止行动、不采取任何战略。你需要主动、积极地管理贵公司业务单元市场,一定要巩固市场。

就长期来看，你可以考虑三个利润增长方案。

●降低可变成本。你如果在成本上停滞不前，就会面临被对手短时间内超越的风险。无论是采购还是运作效率，降低成本是个明智的选择。

●重新竞争。你可以适当改变游戏规则，使常规业务衍生出新业务。虽然说话容易行动难，但是不少公司已经多次挑战成功。专业零售商"宠物在家"不仅提供各式各样的宠物用品，而且把培养老少客户养小兔子、天竺鼠和热带鱼的乐趣当作经营目的，结果从传统宠物店、超市和 DIY 连锁店中攫取了部分市场。也就是说，从苹果手机中寻找制造业的商机远比单纯地当手机用价值大得多。

●建立联盟。你在一个很有吸引力的业务单元中占有有利地位，通过与对手联盟则可以共同拥有更强大的地位，推进双方利润显著增长。

就短期来看，你还有其他备选利润增长方案。降低成本同时适用于短期和长期增长点，你可以考虑或高或低调整业务单元的价格。

●推高定价会改变客户对你的看法，认为你是资深玩家。你应该反复思量需求价格弹性。不过，像拉格啤酒（Lager）在英国成了上等品牌，而在其产地如比利时、德国、法国、意大利、牙买加、墨西哥、新加坡和中国等国家不过是极其平常的大众啤酒。很多商家都采用这类经营套路。

●违反价格弹性压低售价可能会增加交易量和市场份额，但要警惕商业竞争的报复。

退出原有业务单元

被你选退的业务单元的利润增长方案数量有限。企业战略中，如果一项业务退出可以通过销售过程结构化产生新价值，包括筹备待售业务(所谓"打扮新娘")和完善预售业务的财务情况。而商业战略中，被你选退的业务单元可能没有任何销售价值。

不过这个选退业务单元中某些价值元素或许也能吸引到买主。待售的不动产往往含有无形资产如品牌或信誉等。

进入新业务单元

你可能已经确定拟进入的新业务单元并充分发挥它们的潜能。

新产品、新市场与你目前的业务相辅相成，均具备以下一项或多项特征：

●新产品或新服务与你现有的产品组成一个系列，出售给相同的客户群。

●相同的产品但出售给相关客户群。（请留意：如果把新产品出售给新客户，这会带来极大的风险因而需要有更严格的实例论证。）

●这是项具有成本和差异化成功因素的业务单元，反映了你较强的业务实力。

●这是项你与竞争对手共同谋求辉煌发展的业务单元。

●这是项在其他国家蓬勃发展而贵国也即将加入的业务单元。

你需要尽快为新业务单元设计可行性项目书，确保将来获得长期利润增长。

所有业务单元

最后你需要考虑把利润增长方案应用到所有业务单元中。

长期利润增长方案有：

●降低管理成本并与竞争对手进行比较；

●通过重新设计改进核心业务流程；

●把业务流程中的 IT 技术部和客服外包出去，离岸外包；

●给具有企业核心竞争力的单元如研发部、运营部和销售部投资；

●利用贵公司在业内的知名度进行市场营销也是短期利润增长方案之一。

整合战略备选方案

到目前为止，你应该已经采取一系列方案来增长利润，不足之处在于这些方案像一张长长的洗衣单。

你需要把各种方案整合成两到三个备选战略组，有针对性的、连贯的弥合业务战略缺口。一组解决主要业务单元的投资缺口，另一组解决几个业务单元间和业务流程的投资缺口。

战略组之间不能相互交叉。你可以一直选用一组或者二组交替使用，但是务必二者选一，不能同时兼用。

整合战略备选方案易于进行评估管理。你不必评估 20 个利润增长方案，而是评估二三个战略组。

小贴士

　　制定利润增长方案时要小心谨慎。每个备选方案都应在你可控范围内，另外还需满足下面两个基本标准：

　　●与你的战略保持前后一致；

　　●看起来是一项可靠的投资。

　　整合战略备选方案有助于进一步优化管理流程。

连锁医疗机构

你的孩子扁桃体又发炎了吗？医生建议把扁桃体切除吗？你有带孩子去一家专门医疗机构诊断过病情吗？顺便问一下，收费会比大医院低三分之一吗？

医疗机构 ENTI(ENT Institute)在美国佐治亚州的亚特兰市开设了 15 家连锁店，专门医治耳鼻喉科疾病。

如果你孩子长了疹子或在球场上扭伤膝盖，请不要去 ENTI 就诊。不过，如果是耳鼻、咽喉方面的疾病，你浏览他们的网站，会发现收费标准非常合理。

这是一个典型的采用小规模聚焦战略的商业案例。这家 ENTI 医疗机构高度差异化，在当地以专业化治疗水平闻名，费用也比普通医院低。每位专家年收入超过 100 万美元，医院年营业额高达 2700 万美元。

如果 ENTI 医疗机构准备在你周边地区拓展业务，你可以密切关注……

无竞争市场空间

长期以来针对行业分析（参见第一章"评估竞争强度"）的批评是覆盖面狭小。战略设计者常常受到行业界限和制定本行业内竞争战略的双重束缚，可能会因此丢失只有突破约束后才能拥有的真正有价值的创新。

　　欧洲工商管理学院的两位学者陈进(Chan Kim)和雷尼·莫博格(Renée Mauborgne)认为良性竞争在如今密集的产业环境中根本无法实施，但血淋淋的恶性竞争又会导致利润萎缩。基于百年来150例战略行动的研究结果表明，未来的赢家不会依靠商海血拼("红海市场")胜出，而是依赖建立成熟有序的无竞争市场空间("蓝海市场")。

　　红海市场的腥风血雨使你与竞争对手一决生死。而在静谧如大海般的无竞争蓝海市场中，你可以肆意遨游，源源不断出现的新需求消弱了竞争对手的重要性。

　　这些战略举措带来了真正的"价值创新"，可以说"企业与客户实现了价值的巨大飞跃，商业竞争不复存在"。

　　研究者分析了苹果公司的 iTunes 和"太阳马戏"(Cirque du Solil)两个案例。苹果通过与音乐公司合作，提供合法的在线音乐下载，推出了一个新市场空间，把火极一时的音乐分享网站 Napste 远远甩在身后。太阳马戏把马戏团与芭蕾舞相结合，创造了一个新的市场空间，彻底颠覆了传统马戏表演。

　　研究认为选择差异化或低成本通用战略并不是理想的利润增长方案。红海市场下企业不得已采取相互竞争，而在蓝海市场里企业可以同时做到这两个方面，以足够低的成本开发出新市场来打赢对手。

蓝海市场的制胜秘诀：

差异化产品＋低成本＝价值创新

他们提出了创建和获得蓝海市场的六条原则：

●重构市场边界；

●关注大局；

●超越现有需求；

●正确安排战略顺序；

●克服机构障碍；

●将执行力纳入战略。

研究者陈进和莫伯格建议你从根本上重新思考所在行业的游戏规则。你可能需要彻底重新思考第一章里提出的成功因素，有一些恐怕要被取消：

●哪些因素是本行业认为应该被删除的？

●哪些因素应该大大低于行业标准？

●哪些因素应该远远高于行业标准？

●应该提出哪些本行业从未设想过的成功因素？

简而言之，如何修正这些成功因素去创造出一条新价值曲线？如何打破差异化和低成本战略之间的平衡？

蓝海市场模式具有较强的激励性，但中小型企业需谨慎采用。十之八九的战略发展旨在改善企业在红海市场的战略地位。蓝海市场可能存在，不过风险往往更大。从 iTunes 和太阳马戏两个案例来看，20 多项蓝海战略曾被尝试采用，皆以失败告终。

你可以接受蓝海模式，不过在此之前还需要阅读本书第三章风险分析。

制定战略型投资决策

你已经制定了二三项战略方案来弥补业务中的战略缺口。方案并不相同，你只能从中选取一项。你将如何评估并做出最好的筛选？

理论上，答案很简单。你应该选择风险最低但回报最高的方案。

要做到这一点并不容易。你需要有一系列方法，包括将危险复杂的实物期权估值到简单的收益影响。

为了使战略简单明了，你可以选择回收期法（payback method，或称偿还期法、还本期法）。回收期法缺点较多，优点是简单易操作。只要你小心采用该方法，多数情况下可以完成任务。参见下表：

采用回收期法评估战略方案

财务收益	单元	战略选择		
		A	B	C
投资成本＝I	£000			
超过 5 年期	£000/年			
平均年现金收益＝B				
回收＝I/B	年数			
总现金收益＝TB＝B×5	£000			
净收益＝TB－I	£000			

风险 L/M/H

非财务收益 •…… •…… •……

•…… •…… •……

非财务非收益 •…… •…… •……

•…… •…… •……

　　求出的投资成本可记为£I。评估投资的年收益，也就是每年收入中额外现金流入与花销里额外现金流出之间的差。如果每年收益不同，则取前 5 年的平均收益，记为£B/年。用 B 除以 I，就可以算出回收值，那么投资的现金年成本得以收回。

　　如果回收期是 4 年或更短，那很可能是一项稳定的投资，但不要过于乐观。你也需要计算出其他战略方案的回收值，可能更低。

如果你相信投资能带来的长期收益可持续数十年以上，那么回收期较长的投资是可行的。你需要认真考虑一个投资回收期是六七年的项目。当然这会有风险，因为随着时间的推移你的竞争地位可能会发生变化。

接下来，你计算出战略方案的"净收益"，即 5 年来的总收益减去投资成本。

净收益最高、适宜的回报是最有发展前景的方案。

请注意，回报最快的方案未必是最好的方案。尽管速度快，不过净收益太少。但是，如果回报最快的方案与净收益最高的方案不相互排斥，或许你可以两者兼得。

现在需要注意以下几方面：

●不要考虑已经投资的现金——这是历史，即所谓的"沉没成本"；只考虑需要投资的新现金。

●记住金钱的时间价值——对你来说，如今第五年现金流没有第一年价值大，要小心不稳定的现金流。

●回收期法不适用于那些需要较长准备期的方案，因为产生的现金多超过回收期。

●不要忘记你的非财务目标，它们可能会受到其他选择的影响。

●最重要的是不要忘记风险——每个方案都有可能带来不同程度的风险。

如果你的战略型投资决策很复杂，尤其收益用时很长，那么可以通过现金流折现法进行分析。如果上述情况令你感到不安，请你向专家咨询。

战略型投资决策很少能够清晰明确。财务状况往往很难评估，甚至财务回报、风险和实现非财务目标之间也会需要权衡协调。

决定权在你手里。

小贴士

错误的战略投资决策可能会带来严重的财务后果。如果你有疑问，请务必先做财务分析。几千英镑的咨询费可以为你节省几十万甚至上百万英镑的前期投资。

案例：快乐的圣诞节

圣诞节期间，麦克·哈曼的妹夫因为对圣诞树过敏不停地打喷嚏。麦克提出购买一棵质量好一些、大小等同的圣诞树代替，但是结果没有找到。

这件事让麦克产生了一个灵感。他来到中国，很快厂家就设计出如挪威云杉、高加索冷杉和西尔维拉多细条杉等珍贵品种的高仿真制品。2006年10月他进口5000棵仿真树，在加利福尼亚的斯坦福建立了一个网站和一家临时店铺，圣诞节前这批圣诞树全部售罄。

现在Balsam Brands公司销售高仿真圣诞树、花环、花饰、装饰品、摆设等产品，营业额超过9000万美元，业务扩展到欧洲及远东地区。麦克发现了新产品的市场空缺并及时进行弥补。

他最喜欢的圣诞颂歌，"哦，圣诞树……哦，圣诞树……保佑我生意兴隆哦……"

弥合创业公司缺口

在本章第二节中我们明确了你的竞争力水平和3年后的预期目标之间的差距，也就是届时你的竞争优势应该已经或马上实现可持续性。

但是该怎样做到呢？

初创公司没有特别之处，弥补战略缺口的过程与创立公司基本相同。

●确定总体战略——采用低成本或差异化战略；聚焦战略会使你有被夹在中间的风险，因而不适合。中等成本和中等差异化策略是挽救公司的良方。聚焦战略是种奢侈品，适用于更加成熟、有一定经济规模的公司。创业公司选择低成本或差异化战略。

●塑造利润增长方案——制定一套计划以弥补已经投资的业务单元缺口，包括需要保护不受竞争影响的其他单元。对于一家初创公司来说都是新业务单元，都需要投资。把没有确定持有或退出的业务单元分到二三个战略方案中。

●评估替代方案——可参考上文提到的回收期法。

这里再次重申，贵公司若想生存下来，你必须拥有一项显著的竞争优势和一个低成本或差异化战略，能够使公司存在3～5年的竞争优势一定是可持续性优势。

我们一起来总结本章第二节中讲到的创造企业竞争优势：

●追踪你的竞争地位：你处于什么位置？

●瞄准缺口：你需要瞄准哪些缺口？

●弥合缺口：你打算用什么样的方式进行？

在企业中创造竞争优势

我们用图示法总结商业战略：如何增强你的竞争力来对抗未来最重要的成功因素？

但是，如果贵公司有多项业务，那应该怎么解决？这是第三章我们要讨论的话题。

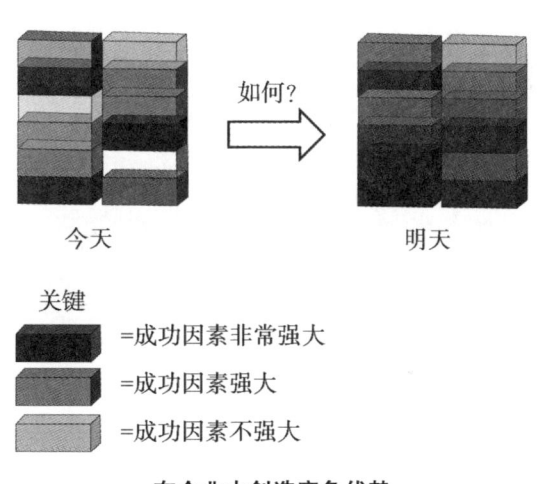

关键

= 成功因素非常强大

= 成功因素强大

= 成功因素不强大

在企业中创造竞争优势

第四节　弥合缺口：企业战略

> 致富方法：把鸡蛋都放到一个篮子里，然后静观其变。
>
> ——安德鲁·卡内基(Andrew Carnegie)
>
> 我的意思是，如果把鸡蛋都放在一个篮子里，你就冒着失去一切的风险。
>
> ——杰里·布鲁克海默(Jerry Bruckenheimer)

贵公司是一家多元化经营公司吗？

如果贵公司不是一家多元化经营公司而是一家独立的商业公司，那么请看第三章，该部分将解决最后一个问题：在你的战略中，为了弥补行业缺口，你是否可以接受风险？

如果贵公司是一家多元化经营企业，这一节的内容则刚好适用。在上一节中，你试图通过提高竞争力来弥补每个行业缺口，那是商业战略。本节内容则有关于企业战略。

企业战略包含三个问题：

● 你应该投资哪些行业（你的稀缺资源）？
● 你应该发展或放弃哪些行业？
● 你应该关注哪些是所有行业都有的资源？

第二个问题将在下一节中有关通过兼并、收购和联合增加价值的部分进行回答。第三个问题就是所谓的基于资源的战略观点。

我们先从你应该投资哪些业务说起——换句话说，你应该怎样优化公司投资组合。

商业战略 vs 企业战略

我们应该弄清楚一件事，即本书如何定义既有区别又有联系的商业战略和企业战略。企业是一个提供产品（或服务）、成本结构很大程度上独立于其他企业的实体。因此，在一个大公司里，一个企业不仅要有自己的首席执行官（CEO）、首席财务官（CFO）、首席运营官（COO）、首席市场营销总监（CSMO）和首席信息官（CIO），还要自己的首席技术官（CTO），即所有研发工作的负责人。

商业是一个极具独立性的实体，它有权制定自己的战略，不受其他企业所制定的战略约束。这就是商业战略。

首先，企业战略是指如何在商业之间分配资源。你会投资哪一个，会保留哪一个来赚钱，会出售哪一个以及你将不得不放弃哪一个？这是类似投资组合计划的企业战略。

但企业战略并不仅仅如此。它还涉及到如何实现企业之间的协同作用，如何创造价值，如何创造能够渗透到整个组织之中的制胜文化或能力。这是类似分配企业资源的企业战略。

本书大部分内容与是商业战略相关。在本节中，我们将讨论企业战略。

优化企业投资组合

20世纪80年代初，通用电气的新任首席执行官杰克·韦尔奇（Jack Welch）曾向管理学专家彼得·德鲁克（Peter Drucker）寻求建议。彼得·德鲁克只在回复中问了两个问题，即如果你尚未从事现在的行业，你会在今天选择这个行业吗？如果答案是否定的，你打算怎么办？可以说，正是这两个问题改变了韦尔奇的职业生涯。

这直接促使了韦尔奇制定企业战略，即通用电气公司的各个行业必须在其领域排名第一或第二，否则该行业将面临重组、出售或破产。这个战略虽然残忍，但很有效。

在考虑应该投资哪些业务时会涉及两种主要工具，你已经遇到过一种，即行业吸引力/竞争力矩阵。

在第二节中，你已使用该工具来确定行业中各业务单元的最佳平衡。现在你可以再次使用它来确定公司各项业务的最佳平衡。

你只需将矩阵中的"业务单元"改为"行业"。根据各行业在整体市场中的吸引力（加权平均每个业务单元的市场吸引力）以及总体战略地位对每个行业进行排名，将这些数据置于企业吸引力/竞争力矩阵中，并且你应对以下问题有清楚的认识：

●你应该投资哪些行业；
●你应该保留哪些行业并提高业绩；
●你应该退出哪些行业；
●你应该进入哪些新行业。

另一种极好工具是波士顿咨询集团（BCG）的市场增长率/相对市场份额矩阵（见下表），该工具与行业吸引力/竞争力矩阵类似但有细微差别。现在运用它做同样的事情然后对比结果。

这些矩阵将帮助你优化行业的企业投资组合。

市场增长率/相对市场份额矩阵

波士顿咨询集团的市场增长率/相对市场份额矩阵以引人注目的问号、明星、瘦狗、现金牛为四大象限，是经受住时间考验的战略工具。该战略工具最早出现在 20 世纪 60 年代，至今仍被广泛使用。

其用途与行业吸引力/竞争力矩阵用途相同，标出所分析行业的相对位置以确定哪些行业最值得投资。

市场增长率/相对市场份额矩阵所选择的参数与行业吸引力/竞争力矩阵的不同：

●它选择了一个可测量的参数，市场需求增长率来代替对市场吸引力的主观评估。

●它选择一个可测量的参数，相对市场份额来代替对竞争力的主观评估。

从本质上说，市场增长率/相对市场份额矩阵为行业吸引力/竞争力矩阵提供了一个客观、可衡量的指标。

接下来是它的使用方法，绘制一个 2×2 矩阵：

●x 轴是相对市场份额。相对市场份额不是指市场份额本身，而是指相对于你主要竞争对手来计算的市场份额；市

续

场份额本身并不是相对强势的指标。在一个高度分散的市场中，你的首要竞争对手占 10% 市场份额，其他的竞争者的市场份额可能只是个位数，那么占有 20% 市场份额的你就可能相对较强，然而，在一个集中的市场中，如果竞争对手最高占有 40% 市场份额，那么你的 20% 市场份额所代表的含义就大不相同了。在第一个市场，你的相对市场份额是 2.0，但在第二个市场中可能只有 0.5，这意味着保持竞争优势的前景大不相同。

●y 轴是市场需求增长率，该增长率是对未来 3~5 年的实际年平均增长率的预测（如第一部分所示）。

绘制所在行业的相应矩阵并展示以下内容：

"明星"：位于右上角象限，在快速增长的市场中占有较高份额。

"现金牛"：位于右下角象限，在缓慢增长的市场中占有较高份额。

"问号"：位于左上角象限，在快速增长的市场占有较低份额。

"瘦狗"：位于左下角象限，在缓慢增长的市场中所占有较低份额。

续

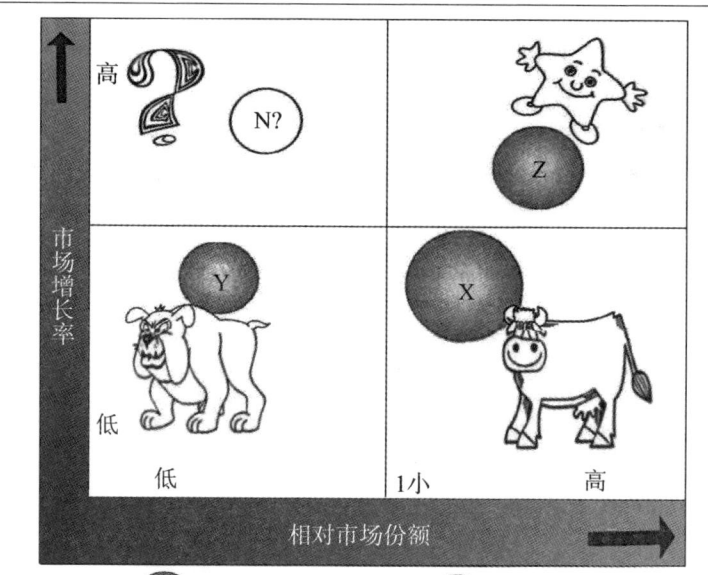

图例： 现有行业　　○ 新行业

注：气泡直径大致与当年销售额成正比。
来源：摘自波士顿投资组合矩阵(www.bcg.com)。

案例：市场增长率/相对市场份额矩阵

　　注意：波士顿咨询集团的原始矩阵，x 轴所代表的相对市场份额水平为反向，即由高到低。在这里，它从低到高，则更容易与行业吸引力/竞争力矩阵做对比。

　　在同等条件下，你应该对明星象限内的行业进行投资，从现金牛象限中的行业获利，退出瘦狗象限中的行业，对问号象限中的行业则认真分析其投资风险和回报。

　　举个例子，见上图。你也许可以考虑以下值得深入分析

续

的战略选择：

　●靠现金牛象限中的 X 行业牟利；

　●投资明星象限中的 Z 行业；

　●涉足问号象限中的 N 行业；

　●撤资或退出瘦狗象限中的 Y 行业。

　贵公司的行业投资组合如何？希望你能在右边两个象限，即现金牛象限和明星象限中找到你大部分收入和/或利润来源的主要行业。有处于瘦狗象限的行业吗？你该如何处理它们？

小贴士

　在行业投资组合分析中，你偏好使用行业吸引力/竞争力矩阵还是市场增长率/相对市场份额矩阵，或者两者都用，这都取决于你。但是要注意每种方法的局限性。

　前者因其主观性而受到批评，后者则具有潜在误导性。因为市场增长率不一定代表市场吸引力（增长可能很迅速，但市场中可能存在大量的竞争对手），相对市场份额不一定代表竞争力（市场领导者也有可能走下坡路，想想手机巨头诺基亚的衰落）。

　我的建议是同时使用这两种矩阵，观察得出的结论有何不同并研究它们的深层意义。

案例：福特汽车大减价

2007 年 3 月，福特汽车公司密歇根州迪尔伯姆总部的高管们面临着一个痛苦的决定。在缩小经营规模后，福特汽车公司试图通过调整成本基准以从较低的销量中盈利，然而去年几乎损失了 130 亿美元，这是前所未有的。公司不得不抵押包括商标在内的大部分美国资产以借款 230 亿美元，但预计到 2009 年还会损失 170 亿美元。

这是福特因这么多年来一直没有生产美国消费者越来越喜欢购买的小型节能汽车而付出的代价。

现在，高管们需要做出一个更激进的现金增值决定——撤资。福特的主要事业部在供应链、产品开发、工程和全球营销方面都高度相互关联，如福特北美事业部、福特南美事业部、福特欧洲事业部、福特亚非/太平洋非洲事业部，甚至福特持有 34％股份的日本马自达。福特顶级汽车集团(PAG)是唯一可以与整个集团分离的事业部，由阿斯顿马丁（Aston Martin）、捷豹路虎（Jaquar Land Rover）和沃尔沃（Volvo）三个业务单元组成。

然而，福特顶级汽车集团也在苦苦挣扎，出于各种各样的原因，它在 2006 年亏损了 23 亿美元。福特在提升工程和制造能力方面进行了大量投资，尤其对捷豹路虎业务单元，并预计这种投资的成果将在未来几年呈现。

尽管如此，福特顶级汽车集团的生意还是被挂牌出售了。到 2007 年秋季，仅有 6 家竞标者对捷豹路虎感兴趣：4 家私人股权公司以及两家印度汽车制造商。2008 年 3 月塔塔汽车（Tata Motors）以 23 亿美元买下了它，该价格低于 1989 年福特以 25 亿美元单独购买捷豹的价格（更不用说 2000 年以 27 亿美元购买路虎了）。早些时候，福特把阿斯顿马丁卖给了科威特（Kuwaiti）投资商，两年后，福将又以 18 亿美元把沃尔沃卖给了中国吉利（Geely of China）。

福特声称，当时除了出售其现金流失的业务单元外别无选择，尽管当时一些分析人士对此提出质疑，他们认为福特应该尽一切努力让福特顶级汽车集团恢复盈利。但无论如何，这是一次不合时宜的撤资。

从那以后，捷豹路虎的实力越来越强，很大程度上归功于福特出售前所做的努力，包括产品开发（即成功的捷豹 XF 系列）。仅 2013 年一年，该业务就实现了近 40 亿美元的利润。在连续增长 7 年之后，捷豹路虎在截至 2017 年 3 月时年销量就超过 60 万辆，比塔塔的收购后的销量翻了一番多，并对外宣布其销售目标为 100 万辆。

> 从一个业务单元撤资，为另一个业务单元的发展提供资金或将其用于收购是企业战略的基本工具。但是，该战略是否成功往往取决于时机以及父母"为新娘打扮"的能力，也就是要尽可能以最好的形式呈现待售业务单元。

通过兼并、收购和联盟创造价值

自资本主义诞生以来，兼并、收购和联盟（统称并购）一直伴随着我们。但它们往往无法创造价值。

原因很简单：收购方为获得控制权付出了太多代价。

经过长时间的深入研究，背后的原因也很清楚：

●管理者往往倾向于关闭交易。不管出于什么原因，他们都坚决认为建立真正的战略或个人帝国就是他们想做的事情。同时他们将不允许长时间的谈判和不断上升的价格阻止其完成这笔交易。

●管理者在交易前做的战略分析不够充分。

●管理者对目标的尽职调查不够充分。

●管理者低估了交易后的一体化难题以及不可避免地推迟

达成预期兼并利益的问题。

通过并购创造价值背后的理论很简单。通过合并两家公司而获得的额外收入（"协同价值"）应该大于收购者为获得目标公司控制权而支付的溢价。

但事实往往并非如此。

小贴士

在任何兼并、收购或联盟中都要非常小心。大多数情况下都会失败。

汤姆·彼得斯（Tom Peters）和罗伯特·沃特曼（Robert Waterman）在 1982 年出版的《追求卓越》（Search of Excellence）一书宣扬了八项原则，请记住其中之一：不离本行。

专注于你所知道的行业并做到最好。

克里斯·祖克（Chris Zook）在《回归核心》（Profit from the Core）一书中强调了这一忠告。

成功的公司都以铁循环（FER cycle）为运作模式：

●关注、理解并充分发挥核心行业的潜能；

●围绕核心行业拓展逻辑类似的行业；

●先发制人地重新定义核心行业以应对市场变化。

换句话说，无论通过组织调整还是通过并购都要注意多种经营。

小贴士

不仅仅是并购交易无法创造价值，大多数总公司也无法创造价值。这是迈克尔·戈尔德（Michael Goold）、安德鲁·坎贝尔（Andrew Campbell）和马库斯·亚历山大（Marcus Alexander）在其 1994 年出版的《企业层面战略：在多行业公司中创造价值》（*Corporate-Level Strategy：Creating Value in Multi-business Companies*）一书中所包含的开创性发现。他们发现，总部或企业中心往往不能在多行业公司中创造价值，它反而会破坏价值。

无论公司的规模如何，其运营都具有深刻的指导意义。如果另一家公司能比你更好地经营你的生意，那么你应该考虑将它以合理的价格卖给该公司，然后用这笔钱壮大你比别人经营得更好的其他生意。

案例：这里有潮汐

莎士比亚写道："世事如潮汐般有起有伏，如能在涨潮时顺势而为，定能功成名就。"1989 年，福特的高管们参观了布罗姆维奇城堡的捷豹工厂，该厂距莎士比亚出生地——埃文河畔的斯特拉特福德有 30 多里（1 里＝500 米），他们可能在那里注意到了这一建议。

虽然不是大多数，但有些兼并或收购取得了惊人的成功。想一想易贝（eBay）在 2002 年收购贝宝（PayPal），13 年后，贝宝以 470 亿美元的价格剥离时，其将易贝的收益提高了 30 倍。想一想谷歌（Google）在 2005 年以 5000 万美元的价格收购了一家名为安卓（Android）的移动软件公司。想一想 2012 年，脸书（Facebook）以 10 亿美元的价格收购了照片墙（Instagram），该公司本可能成为其主要竞争对手。或者想一想迪士尼（Disney）收购皮克斯（Pixar），阿迪达斯收购锐步……

我们也知道，也有未取得成功的收购，比如美国在线（AOL）对时代华纳（Time Warner）或戴姆勒（Daimler）对克莱斯勒（Chrysler）或微软（Microsoft）对诺基亚（Nokia）收购后的金融灾难……

正如我们在本节前文中所述，塔塔汽车对捷豹路虎的收购一定是最成功的收购之一，而福特早期对捷豹以及后期对路虎的收购则是最失败的收购之一。

但这并不意味着福特收购这些产业就一定有错，也不意味着福特的企业战略具有误导性。相反，这两项举措在当时的股市都得到了积极响应。

20 世纪 80 年代末，底特律汽车巨头渴望升级他们的品牌。通用汽车（GM）与路特斯（Lotus）、克莱斯勒与

他曾看到鸽子在工厂内欢快地飞来飞去，鸟屎都落在车顶上，而工人们则直接在上面涂漆。

即便是在 1991—1993 年的市场低迷期，福特也继续对捷豹的工厂和运营进行了大量投资并对生产线进行了精简和升级。到 2005 年，捷豹汽车的质量在业内被公认为已由低端接近高端。

因此，福特对捷豹的收购具有战略合理性。这是一项长期的战略投资，福特准备投入大量资金进行运营转型和产品开发。但它成为灾难性收购主要有两大原因：一是福特低估了困难、成本以及转变旧运营方式的持久性（据估计，福特在未来 18 年的总投资将达到数百亿美元）；二是福特公司无法选择出售该产业的时机。

如果福特的核心产业在 2008 年没有陷入如此可怕的困境，如果福特能够一直坚持其捷豹路虎产业并在当今市场有序出售该产业，即使是运气不好，它在战略上的合理投资可能也获得了合理回报。

构建具有战略价值的资源

你的多元化经营公司拥有哪些"具有战略价值的资源"？

戴维·科尔斯(David Collis)和辛西娅·蒙哥马利(Cynthia Montgomery)1995 年在《资源竞争》(*Competing on Resources*)一书中将让资源具有战略价值的方法总结如下，它需要：

●一种独特竞争力——换句话说，就是一个你不仅自身做得好还比其他公司做的更好的行业；

●难以复制；

●持久——例如，长青的迪斯尼品牌，它在沃尔特(Walt)去世了几十年后仍然存在；

●难以被他人私自占有——例如，那些离职的高管们；

●在中期不易被取代。

也许你应该从以下三个方面对你具有战略价值的资源进行投资：

●投资那些你拥有的资源——例如，迪斯尼对动画进行再投资。

●利用你所拥有的资源——例如，迪斯尼利用自身品牌进入零售和出版市场。

●优化那些你应该有的资源——例如，英特尔用"Intel Inside"标签进入用户品牌。

但是，你需要注意以资源为基础的企业战略。构建一套独特的资源和能力体系的同时要对动态的市场环境和竞争环境有敏锐的观察力。

将关注内部资源建设和对外部动态行业环境的意识相结合的企业战略十分强大。

小贴士

当心，成功的公司不一定是那些拥有更多资源的公司，而是那些充分利用现有资源的公司。而且，在弱势产业上努力不如在增强优势产业上的回报多。

第三章

风险管控

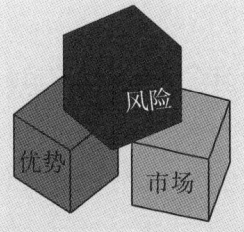

　　不冒任何风险才是最大的风险……在瞬息
万变的世界中，必然会失败的唯一的做法就是
不冒险。

　　　　　　——马克·扎克伯格（Mark Zuckerberg）

●评估风险与机会之间的平衡；

●管控风险。

风险无处不在。在生活中是这样，商业中也是如此。关键是要理解并管控风险。

战略制定的各个方面都存在风险：

●市场需求下降并完全超出了你的控制范围；

●竞争对手不计短期成本，强行进入你所在的市场；

●作为供应商，失去核心客户意味着你被抛弃了；

●你的分销合作伙伴破产；

●你的新产品上市失败；

●进入新市场失败。

但是在你放弃之前，仔细考虑一下，也许风险与机会并存，即：

●市场需求增加并完全超出了你的控制范围；

●竞争对手退出你所在的市场或破产；

●核心客户收购主要竞争对手并邀请你成为其供应商；

●你的分销合作伙伴不断扩展并向你介绍新客户；

●你的新产品上市大获成功；

●进入新市场成功。

毕竟，生活还算不错。

这一切都与平衡、判断以及过程有关。请继续阅读……

第一节　评估风险与机遇之间的平衡

> "Crisis"译为中文时由两个汉字组成即"危机"。"危"代表危险，"机"代表机遇。
>
> ——约翰·菲茨杰尔德·肯尼迪(John F Kennedy)

以下是你需要做的事情。再次仔细讨论战略制定过程中的每个部分，尤其是市场需求以及行业竞争相关部分，同时找出可能存在的主要风险和机遇。

从两个角度对其进行评估：

● 它们发生的可能性如何——低、中或高？
● 如果确实发生了，它们将产生怎样的影响——小、中或大？

现在，我们将区分重大风险和机遇，根据可能性对其进行定义：

● 可能性中(或高)，影响大；
● 可能性高，影响中(或大)。

现在，你要准备好比较和评估这些重大风险和机遇。

20世纪90年代初期，我创建了"太阳云"（Suns& Clouds）图表。自那以后，我看到不同咨询公司的竞争对手在报告中以各种形式再现了"云图表"。尽管他们说模仿是最真诚的恭维形式，但我仍然为当时没有申请版权而感到后悔！

"云图表"行之有效，所以受到欢迎。利用这一个图表可设法对所有主要战略问题的相对重要性进行总结。该图表直观的体现出机遇可能性是否大于风险可能性。反之亦然。简而言之，你可以通过"云图表"判断你的战略是否可行。

小贴士

无论你是否在寻求外部融资，你都应制定自己的战略并评估风险平衡。私募股权投资者在尽职调查过程中以及对待风险和回报的方式上都非常严格。通常情况下，他们只有把工作做好才能避免失业。

问问自己，即使你的战略仅在公司内部提交董事会以获批准，它是否也可以得到公司外部融资人的支持。

"云图表"（请参见下一页）让你不得不从两个角度考虑每一个风险和机遇：它发生的可能性有多大以及如果它发生了会产生多大的影响。你无需量化影响，但需要了解每个问题对公司

价值的假定影响和相对影响。

在图表中，乌云代表风险，太阳则代表机遇。你需要考虑每种风险或机遇的可能性和影响并将其绘制在图表上的适当位置。

关于战略是否可行，你可从图表得知以下两个主要方面：是否存在任何异常风险或机遇以及风险和机遇之间的总体平衡是否有利。

异常风险

请看图表的右上角。那里有一片厚重的乌云并带有两个感叹号。这代表着风险发生的可能性高且产生的影响大。

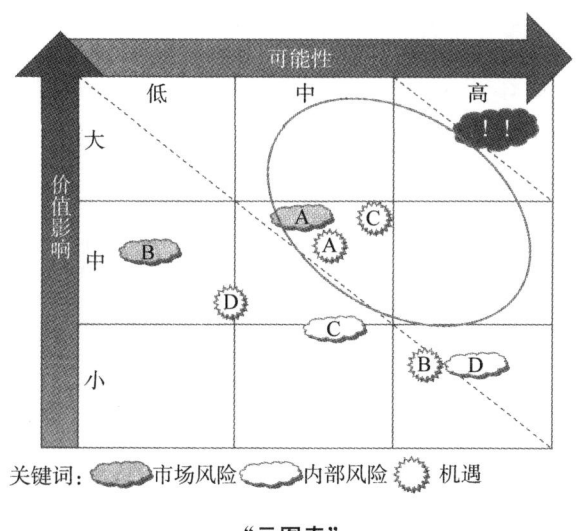

"云图表"

这是一个致命风险。如果发现类似风险，那么你的战略将无法实行。

白云离乌云越近，情况就越糟。只有风险与机遇处于平衡位置时，徘徊在对角线周围的风险（从左上角到右下）才有可能得以解决。但是，一旦白云开始向乌云靠近，大概到机遇 C 的周围，你就需要开始担心了。

然而，想象一下，如果在乌云的位置有一个明亮的太阳，那就是一个极好的消息，意味着将会有并购公司支持你。

风险平衡

一般而言，不存在致命风险。"云图表"的主要用途是显示风险与机遇之间的平衡。机遇是否大于风险？从总体上看，太阳比云更有利？还是云遮住了太阳？

评估"云图表"的方法如下：首先，向着乌云方向查看对角线以上的部分，也就是抛物线在"云图表"上所覆盖的部分。要关注所有的风险或机遇。至少它极有可能发生并将产生一定影响。

那些在对角线以下部分出现的风险与机遇是次要问题。它们要么发生的可能性及其产生的影响属于低到中等范围，要么它们发生的可能性极低且影响小，因而不会成为主要问题。

在图表上看看抛物线附近的太阳和云的分布。当每个太阳和云靠乌云越近时，它们就越重要。如果太阳的分布看起来比云的分布更好，那么你的战略则可能具有可行性。

在上图中，对角线以上部分有两朵云和两个太阳。但是风险 D 则位于抛物线外。机遇 B 位置最佳。同其他风险和机遇一样，风险 A 和机遇 A 则差不多处于平衡位置。机遇 B 看起来很明显。总体上，机遇似乎大于风险。该战略看起来具有可行性。

"云图表"可以动态化，这是其最优特点之一。图表清晰明了，如果图表上显示的风险和机遇之间不平衡，你也许该采取一些行动。

针对每种风险，都有抑制因素。包括与市场需求和竞争有关的（"云图表"中的乌云）因素在内，许多因素将超出你的控制范围。然而，那些与公司竞争地位相关的因素则在你的控制范围内。实际上，它们可能是你的应急战略中不可或缺的一部分。

同样，你的战略可能会提高获得关键机遇的可能性，因此在图表上，太阳将向右移动。

在"云图表"上可以用箭头和目标符号来体现抑制风险或增加机会。它们将显示公司的目标是什么并提醒你这就是目标。你的战略应提高公司风险与机遇之间的总体平衡。

你可以在多种情况下使用"云图表"。原本，它专门用于交易，如收购、联盟和投资等，但现在它同样可用于项目评估，战略评述（如此处）或职业发展和转行。甚至可以用"太阳云"图表来决定是否支持布兰妮（Britney）（其应用请参阅下文"布兰妮重振旗鼓"）。

你可能会问，那些发生的可能性极小但可能引起潜在灾难的风险怎么办？纳西姆·尼古拉斯·塔莱布（Nassim Nicholas Taleb，前贸易风险分析师）将那些只有在回顾历史时才可以解释甚至可证明为正当的风险称之为"黑天鹅"，比如 2008 年的金融危机。那么这样的风险该怎么办？"云图表"也可解决上述问题。

2001 年秋，我和同事为客户提供建议，决定其是否为一家与机场运营相关的公司投资。经过一周的准备后，我们写了一份中期报告并绘制了第一版"云图表"。我们在左上角的方框中标明了一个名为"重大航空事故"的风险。我们考虑到发生严重的空难可能导致延长该类飞机的停飞时间。尽管这

类风险发生的可能性不大，但其一旦发生就会产生重大
影响。

然而，几天后就发生了"9.11事件"（2001年9月11日发
生在美国纽约世界贸易中心的一起系列恐怖袭击事件）。我们
从未想过会有如此毁灭性、令人难以置信的恶行发生。但至少
我们已经提醒了客户，航空业存在极端风险。经过重新谈判，
这笔交易圆满完成。

小贴士

　　如果你的"云图表"最初不是很合理，请不要担心。随着
进一步思考和讨论，该图表会不断变化。可以说，该图表的
最大价值是促进讨论，从而驱使图表不断完善。

　　请记住，你无法从此图表中得到确切信息。你也不需要
这样做，因为它是代表风险和机遇的图示，旨在让你了解战
略中风险和机遇之间的平衡。

案例：布兰妮重振旗鼓

　　在你看来，谁是2012年音乐界收入最高的女性？
《福布斯》杂志的报道表明：不是复古20世纪50年代的
凯蒂·佩里（Katy Perry），她位于第五位，也不是古怪

的 Lady Gaga 或性感的蕾哈娜（Rihanna），甚至也不是乡村创作型歌手泰勒·斯威夫特（Taylor Swift），她则位于第二位。

在第四十七届超级碗的中场秀上，碧昂丝（Beyoncé）凭借其惊人的音域，迷人的外表和以及蒂娜·特纳雷斯（Tina Turneresque）式的舞台风格，很快就征服了观众。尽管这样，碧昂丝的排名甚至没有进入前五。

是的，布兰妮（Britney）凭借 20 世纪 90 年代末表达学生感性的音乐风格，以 6800 万美元的身价重回榜首。

布兰妮于 1998 年 12 月凭借唱片《爱的初告白》（"Baby One More Time"）闯入音乐圈。虽然其嗓音和音乐都很好，但是 17 岁的布兰妮在 MV 中的表现更加满足了每个男生的幻想和女生的心愿，我的两个女儿也不例外，这样的定位让她一举成名。布兰妮成为了这些年轻人的女神，12 月时，她推出了第一支香水。

历史表明，学童性化的过程虽然令人难过，但不可避免。布兰妮的视频对此具有重大意义，而这也让她获得了成功。布兰妮成为有史以来最畅销的青少年艺术家。2002 年，《福布斯》杂志将她评为世界上最具影响力的名人。

然而，2004 年初，种种迹象表明要出问题了。布兰妮与青梅竹马的恋人在拉斯维加斯结婚后不到三天就宣布离婚。她加入了其榜样麦当娜（Madonna）所在的卡巴拉教派（Kabbalahsect）。2005 年，她与一名舞蹈演员订婚并在一档真人秀中公开了其 3 个月的生活。之后，布兰妮成为两个孩子的母亲，可惜的是，不到两年，她再次离婚。

用布兰妮自己的话说，她情绪失控了。布兰妮经常和帕丽斯·希尔顿（Paris Hilton）那样的人聚会，与狗仔队调情，还公然不穿内衣，剃掉了所有的头发。由于不断进出戒毒所，她失去了对孩子的监护权，前夫获得监护权。2008 年初，布兰妮因精神问题被送入医院治疗，由其父照料。

如果你是 2008 年中期的音乐产业巨头，你会支持布兰妮吗？风险巨大。虽然她曾是独一无二的年轻偶像，但时光一去不复返。27 岁的她，人气不再，麻烦缠身，颜面扫地。她的容貌不再稚嫩，身体因生育而走形，嗓音也没有特点。她怎么能和碧昂丝竞争呢？

让我们来看看布兰妮的"云图表"。

图表显示，情况似乎不如预期。创作与时俱进的音乐，更加成熟的定位，举办演唱会以吸引像我女儿一样的大批铁杆粉丝的参与，这些机遇可能抵消以下风险：音乐过时、负面形象、品牌声誉受损以及丧失公信力。所以风险和机遇看起来处于平衡状态。

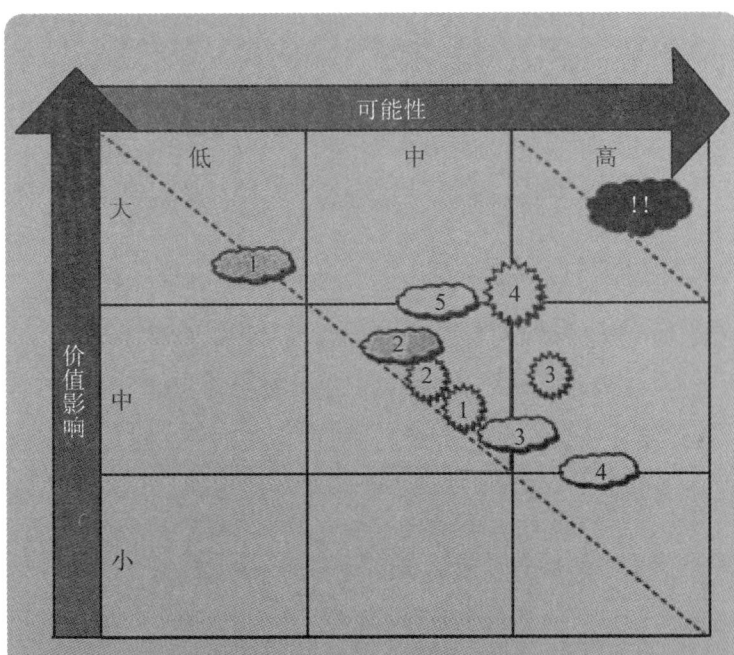

你会在 2008 年支持布兰妮吗？

风险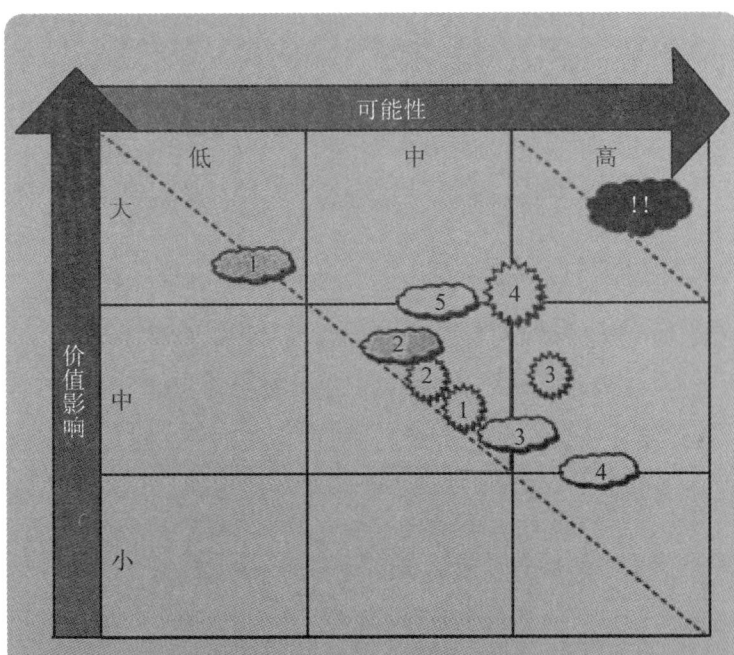

1. 以年轻人为主的流行音乐

2. 布兰妮的音乐过时

3. 布兰妮的负面形象

4. 布兰妮的品牌声誉受损

5. 如今布兰妮丧失公信力

机遇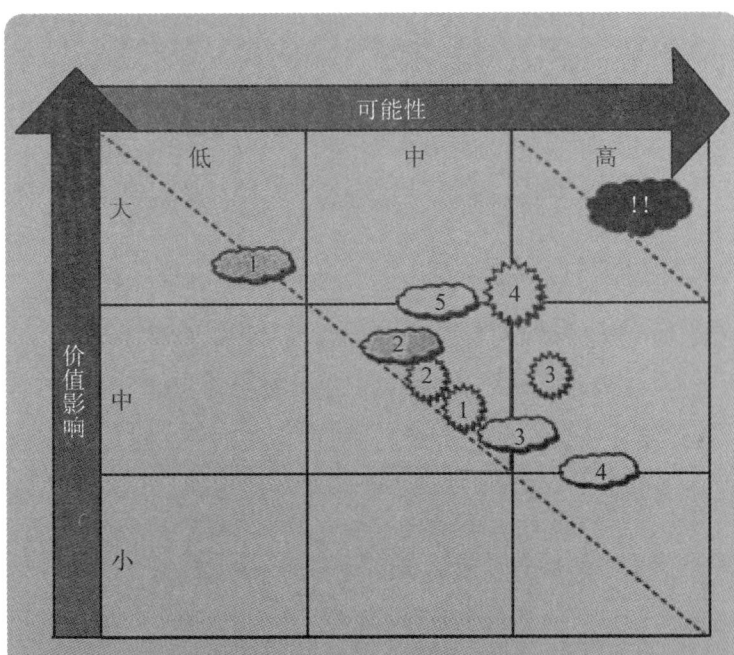

1. 布兰妮的音乐可与时俱进

2. 布兰妮可重新定位为更成熟的风格

3. 布兰妮的粉丝们可能包场演唱会

4. 公众喜欢易犯错误的名人

　　其中有一个机遇尤为引人注目，即公众喜欢一个容易犯错的名人。任何消息都是好消息。只要布兰妮能振作起

来，在面对4号云(风险)风险与5号太阳(机遇)时有所
行动，那么她就会取得成功。

的确，4年后，布兰妮重振旗鼓，凭借其专辑《蛇蝎
美人》("Femme Fatale")和巡回演唱会又一次让我们疯
狂。宝贝，再来一次！(Baby, one more time。)

第二节　管控风险

明智的冒险与贸然行事有很大区别。

——乔治·史密斯·巴顿(George S. Patton)

"云图表"还有另一种用途，即它可以突出显示战略中存在
风险部分的范围。

将所有太阳从图表中去掉，只保留云，然后仔细定位，添
加四个带有"接受""减少""转移"和"避免"字样的方框——如下
一页的图所示。

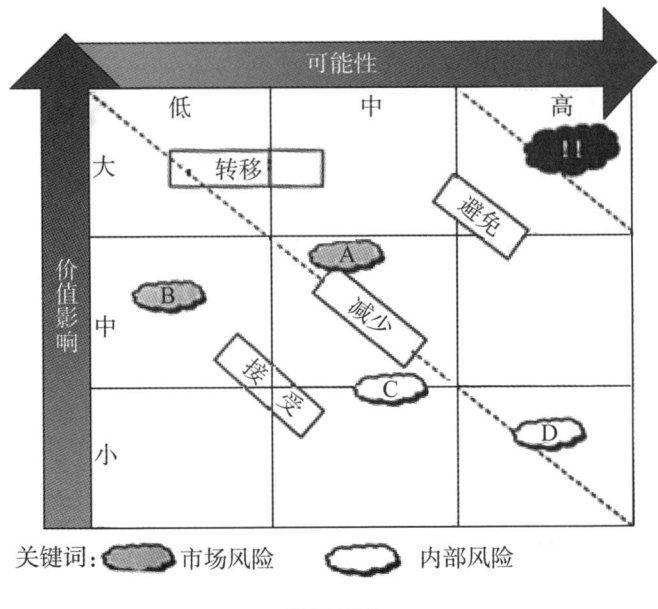

管控风险

那么，你管控风险的四种基本战略是：

●尽可能避免重大风险。如果是内部风险，则不要行动；如果是市场风险，请退出。

●如果无法避免重大风险，则交给保险公司来处理它。

●减少中等风险。该战略可通过限制、增加供应量、完善系统或提高数据备份量实现。

●接受小风险。

但是，请不要因结果而失望，因为许多风险管理工具都存在偏差问题。"云图表"的优点在于可以明确风险，同时可通过机遇抵消风险。像上面这样的纯风险管理图缺少这样的平衡，并且看起来会让人气馁。

　　的确，风险需要管控，在你为企业制定有效、具有挑战性的增值战略时，一定不要让风险顾虑成为拦路虎。

第四章

结 论

现在，你有了一个战略，一个简单明了的战略（请参见下文总结），该战略可指导你的公司向新阶段发展。

现在，你的公司对未来的准备比之前强很多。

迈克尔·波特(Michael Porter)曾写道："一个没有战略的公司愿意尝试任何事情。"

你的公司不是这样，因为你拥有战略。面对未来，战略将机遇最大化以让你实现目标。

你拥有让你的企业成功所需的战略。

简明战略：总结

阶　　段	关键任务
做好准备！	●精确定位核心业务单元 ●制定长期目标……并且建立 SMART 目标
1 了解你所在的市场 2 创造竞争优势	●评估并预测市场需求 ●评估行业竞争 ●追踪竞争地位 ●瞄准战略缺口 ——投资组合和能力缺口 ●弥合缺口 ——选择一个通用战略 ——重新定位 ——选择性分组 ——做出投资决定
3 管控风险	●评估风险和机遇之间的平衡 ●管控风险
出发！	●实施战略

第一节 战略金字塔

在本书中，我将"KISS"原则应用于战略发展。在早期的书籍《关键战略工具》[《*Key Strategy Tools*》(2012 年)]以及《金融时报商业战略制定重要指南》[《*The Financial Times Essential Guide to Developing a Business Strategy*》(2013 年)]中，我提出了一个更全面的战略开发过程并命名为"战略金字塔"。

"战略金字塔"包括九个模块（请参见下一页的图）：

1. 了解你的企业；

2. 设定长期和短期目标；

3. 预测市场需求；

4. 衡量行业竞争力；

5. 追踪竞争优势；

6. 瞄准战略缺口；

7. 弥合与业务战略的缺口；

8. 弥合企业战略缺口；

9. 应对风险和机遇。

　　"战略金字塔"是一种合理、连贯、行之有效的战略开发方法。然而，它有一个缺点，即它包括 9 个模块。有些人很难记住 9 件事。心理学家认为，人类大脑处理和回忆事项的最佳数目为 3。

　　因此，"KISS"原则应用于战略开发的第一步是必须将 9 个模块简化至 3 个阶段（请参见下图）。

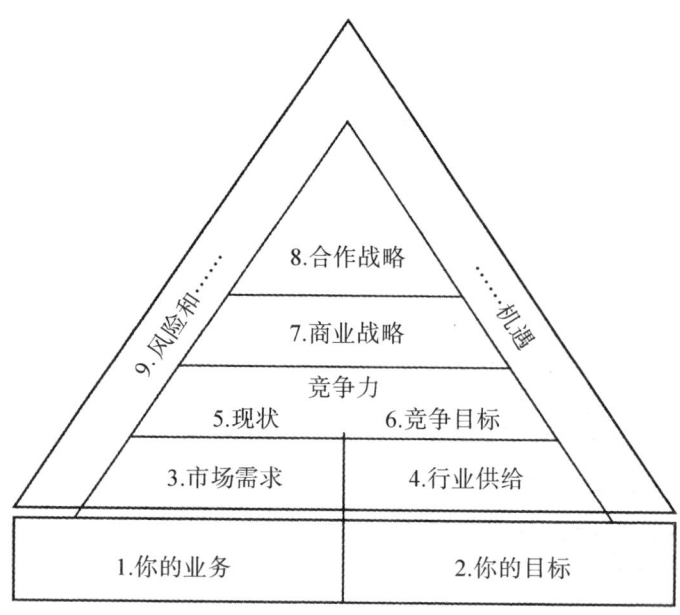

引自：Evans, V.(2012) *Key Strategy Tools*.FT Publishing.

"战略金字塔"

从"战略金字塔"到"KISS"战略

战略金字塔　　　　　　　　　　**"KISS"战略**

模块 1：了解你的业务
模块 2：设定长期和短期目标　　　做好准备

模块 3：预测市场需求
模块 4：衡量行业竞争力　　　　　1. 了解市场

模块 5：追踪竞争地位

模块 6：瞄准战略缺口

模块 7：弥合业务战略的缺口　　　2. 创造竞争优势

模块 8：弥合企业战略的缺口

　　　　　　　　　　　　　　　　3. 管控风险
模块 9：应对风险和机遇

　　模块 1 和模块 2 实际是准备步骤，即为过程做准备。因此，它们可以被视为战略制定的引言。

　　模块 3 和模块 4：评估市场需求和供应，即你的公司运营的"微观经济"。

　　模块 5 到模块 8：是打造公司持久的竞争优势。

　　模块 9：检查战略中存在的风险是否可控。

因此，我们得出了战略开发的三个基本部分：

1. 了解市场；

2. 创造竞争优势；

3. 管理风险。

这三个部分满足了三组不同利益相关者的观点，这并非巧合，在职业生涯的不同阶段，我都担任过这些角色。

作为经济学家，战略必须与公司运营所在的市场（即所谓的"微观经济"）保持协调。作为商业分析师，战略必须专注于创造持久的竞争优势。作为金融家，战略必须能够应对、管理和管控风险。

将这三个部分合并，你将获得一种简单而全面的战略开发方法。

这就是"KISS"战略，简单明了的策略。

第二节　术　语

业务部门　战略业务单位、提供紧密产品（或服务）的利润中心实体、成本结构基本独立于其他业务。

业务战略　商务战略　为单一业务(单个企业)获得可持续的竞争优势。

能　　力　企业配置资源的方式。

能力缺口　就执行而言,公司现状及目标之间的差距。

竞争优势　一个公司在产品、市场细分或行业中,同其他公司相比,拥有能够得丰厚收益的战略优势。

竞争强度　某一特定行业的竞争程度。它是行业盈利能力的主要决定因素。

竞争力水平　公司相对竞争力在某一特定产品、市场细分或行业中的评级。

企业战略　利用投资组合增值、利用公司核心资源和能力为每个业务增加价值。

客户购买标准　客户要从供应商那里购买什么。

规模经济　公司扩大经营规模而导致单位成本减少的经济类型。

通用战略　与整个业务类别相关的战略,即差异化,低成本或重点战略。

行业发展程度 行业从出现到成长、成熟和衰退的发展阶段。

行业供应 在一定时间内（通常为一年），产品（或产品组）的生产商的总供应量。

问　　题 正在讨论或存在争议的问题。问题源于对未来的不确定性：是风险还是机遇。

成功因素，成功要素 为达到客户购买标准以及成为经营良好的公司需要做些什么。

市场吸引力 鉴于市场规模、市场增长、竞争强度、行业盈利能力、市场风险等因素对某种产品/市场细分相对吸引力的综合评估。

市场需求 在一定时间内（通常为一年），客户对产品（或产品组合）的总需求。

投资组合 单一业务或多元化业务公司中的核心产品/市场部门的集合。

资　　源 能力指企业配置资源的方式。与能力不同，资源指企业的生产性资产，包括人力、物力、财力以及无形资产。

业务单元 公司将一个产品（或产品组）出售给一个客户群，严格来说是"产品/市场细分"。

相关利益方 与公司盈利相关的非控股人士和组织，例如员工、客户、供应商、国家和地方政府以及当地社区。

战略重新定位 通过投资、控股，退出或进入细分市场（针对业务战略）或企业（针对公司战略）以调整战略地位。

战 略 企业如何通过配置稀缺资源以获得可持续的竞争优势最终来实现其目标。

结构化访谈 对客户、供应商和其他行业观察者进行系统化（或系统的）采访以获取战略信息。

协同作用 整体价值大于各部分价值总和。特别是在合并、收购和联盟时，合并实体价值大于收购方竞标前独立价值与目标/合作伙伴独立价值的总和。